AF169901

Tucholsky Wagner Zola Scott Sydow Freud Schlegel
Turgenev Wallace Fonatne
Twain Walther von der Vogelweide Fouqué Friedrich II. von Preußen
Weber Freiligrath
Kant Ernst Frey
Fechner Fichte Weiße Rose von Fallersleben Richthofen Frommel
Hölderlin
Engels Fielding Eichendorff Tacitus Dumas
Fehrs Faber Flaubert
Maximilian I. von Habsburg Fock Eliasberg Zweig Ebner Eschenbach
Feuerbach Ewald Eliot Vergil
Goethe Elisabeth von Österreich London
Mendelssohn Balzac Shakespeare Dostojewski Ganghofer
Lichtenberg Rathenau
Trackl Stevenson Doyle Gjellerup
Mommsen Tolstoi Hambruch
Thoma Lenz Hanrieder Droste-Hülshoff
Dach Verne von Arnim Hägele Hauff Humboldt
Reuter
Karrillon Rousseau Hagen Hauptmann Gautier
Garschin
Defoe Hebbel Baudelaire
Damaschke Descartes
Hegel Kussmaul Herder
Wolfram von Eschenbach Dickens Schopenhauer Rilke George
Darwin Melville Grimm Jerome
Bronner Bebel
Campe Horváth Aristoteles Proust
Bismarck Vigny Barlach Voltaire Federer Herodot
Gengenbach Heine
Storm Casanova Tersteegen Grillparzer Georgy
Chamberlain Lessing Langbein Gilm Gryphius
Brentano Lafontaine
Strachwitz Claudius Schiller Kralik Iffland Sokrates
Katharina II. von Rußland Bellamy Schilling
Gerstäcker Raabe Gibbon Tschechow
Löns Hesse Hoffmann Gogol Wilde Gleim Vulpius
Luther Heym Hofmannsthal Klee Hölty Morgenstern Goedicke
Roth Heyse Klopstock Kleist
Luxemburg Puschkin Homer Mörike
La Roche Horaz Musil
Machiavelli Kierkegaard Kraft Kraus
Navarra Aurel Musset Moltke
Lamprecht Kind Kirchhoff Hugo
Nestroy Marie de France Laotse Ipsen Liebknecht
Nietzsche Nansen Ringelnatz
Marx Lassalle Gorki Klett Leibniz
von Ossietzky May vom Stein Lawrence Irving
Petalozzi Knigge
Platon Pückler Michelangelo Kafka
Sachs Poe Liebermann Kock Korolenko
de Sade Praetorius Mistral Zetkin

Der Verlag tredition aus Hamburg veröffentlicht in der Reihe **TREDITION CLASSICS** Werke aus mehr als zwei Jahrtausenden. Diese waren zu einem Großteil vergriffen oder nur noch antiquarisch erhältlich.

Symbolfigur für **TREDITION CLASSICS** ist Johannes Gutenberg (1400 — 1468), der Erfinder des Buchdrucks mit Metalllettern und der Druckerpresse.

Mit der Buchreihe **TREDITION CLASSICS** verfolgt tredition das Ziel, tausende Klassiker der Weltliteratur verschiedener Sprachen wieder als gedruckte Bücher aufzulegen – und das weltweit!

Die Buchreihe dient zur Bewahrung der Literatur und Förderung der Kultur. Sie trägt so dazu bei, dass viele tausend Werke nicht in Vergessenheit geraten.

Aus dem Diwan des Hafis

Hafis

Impressum

Autor: Hafis
Übersetzung: Josef von Hammer-Purgstall / Friedrich Rückert
Umschlagkonzept: toepferschumann, Berlin

Verlag: tredition GmbH, Hamburg
ISBN: 978-3-8495-3027-3
Printed in Germany

Rechtlicher Hinweis:
Alle Werke sind nach unserem besten Wissen gemeinfrei und unterliegen damit nicht mehr dem Urheberrecht.

Ziel der TREDITION CLASSICS ist es, tausende deutsch- und fremdsprachige Klassiker wieder in Buchform verfügbar zu machen. Die Werke wurden eingescannt und digitalisiert. Dadurch können etwaige Fehler nicht komplett ausgeschlossen werden. Unsere Kooperationspartner und wir von tredition versuchen, die Werke bestmöglich zu bearbeiten. Sollten Sie trotzdem einen Fehler finden, bitten wir diesen zu entschuldigen. Die Rechtschreibung der Originalausgabe wurde unverändert übernommen. Daher können sich hinsichtlich der Schreibweise Widersprüche zu der heutigen Rechtschreibung ergeben.

Text der Originalausgabe

Mohammad Schamsaddin Hafis

Aus dem Diwan des Hafis

*

Seht! wie der Morgen lacht!
O reich't statt der Sonne den Becher!
Jetzt ist die Zeit! o reichet den Wein her!

Einsam im Haus! Ein freundlicher
Schenk, ein lieblicher Sänger!
Tage der Lust, des Bechers, der Jugend!

Unser Gemüt zu erfreuen, und die Schönheit
Des Festes zu schmücken,
Ziemen zum Gold nur geschmolzne Rubinen?

Liebling und Sänger reichen die Hand,
Die Trunkenen tanzen,
Schenkengekos macht schlaflos die Trinker.

Wir sind allein, und sicher ists hier
Im Zirkel der Trauten,
Offen sind nur die Tore der Wollust.

Kundig der Anmut des Weins
Verbarg die Natur, die gewandte,
Rosenwasser ins Tiefste der Blätter,

Seit daß meinem Mond
Die Perlen Hafisens gefallen,
Horchet selbst Suhre den Tönen der Laute.

*

Der Garten deines Genusses
Verleiht dem Paradiese Glanz.
Das Feuer deiner Entfernung
Entflammt der Hölle Glut.

Zu deinem Gesichte und Wuchse
Hat sich geflüchtet Edens Flur,

Von Tag zu Tage vermehre
Sich ihrer Schönheit Preis!

Wie Quellen fließet mein Auge
Die ganze lange Nacht hindurch,
Und schaut das Bild der Narzisse
In deinem Aug', im Traum.

Der Frühling hat die Reize
Von deiner Schönheit nur erklärt,
Das Paradies erinnert
Mit jedem Schritt an dich.

Mein armes Herz – es verbrennet,
Und nicht erreicht es seinen Wunsch.
Wär' sein Verlangen gestillet,
Nicht weinen würd' es Blut.

Dein Mund erfordert mit Rechte
Von mir das Brand- und Wundengeld.
Du hast die Brust mir verwundet,
Er hat mein Herz verbrannt.

Glaub' nicht es seien Verliebte,
Zu unsrer Zeit allein berauscht,
Hast du von frommen Betrachtern,
Die trunken, nichts gehört?

Ha deine Lippen bezeugen,
Daß der Rubin ein Tropfen ist,
Der von den Gluten der Sonne
Zur Erde niederfällt.

Den Schleier zieh zurücke,
Wie lang wirst du dich noch verhüllen?
Was nützet dich der Schleier?
Zu was verbergen dich?

Dein Gesicht schaute die Rose,
Ha! da entglühte sie voll Scham,
Sie spürte deinen Geruch und
Zerfloß in Rosenwasser.

Aus Liebe deines Gesichtes
Stürzt in das Elend sich Hafis,
Bald wird er sterben, o komm!
Und finde Rettung auf.

Hafis es gehe das Leben
Nicht ohne Früchte dir vorbei,
Bemüh dich und erkenne
Des Lebens großen Wert.

*

Eine Nachtigall hat sich mit Herzblut
Eine Rose eigen gemacht,
Doch der Wind des Neides hat ihr Herz mit
Hundert Dornen elend gemacht.

Sieh', ein Papagei war frohen Herzens
Aus Begier nach Zuckergenuß,
Jählings hat der Waldstrom des Verderbens
All' sein Glück zu Wasser gemacht.

Meiner Augen Freude war des Herzens
Frucht, noch immer denk' ich daran,
Ach sie ist so leicht von mir entflohen,
Hat das Herz so schwer mir gemacht!

Karawanenführer, meine Ladung
Ist gefallen, hilf mir bei Gott!
Denn die Hoffnung nur auf deine Gnaden
Hat mich hieher reisen gemacht.

Du verachte nicht mein Angesicht voll
Staubes, mein befeuchtetes Aug',

Denn aus diesem Mörtel hat der Himmel
Seine Freudenwohnung gemacht.

Wehe! ob dem Neideraug', mit welchem
Auf mich sah vom Himmel der Mond,
Hat mein Mond mit seinen Bogenbrauen
Sich das Grab zur Stätte gemacht.

Ach Hafis, die Zeit hast du versäumet,
Nun ist alle Möglichkeit hin.
Aber was war sonst zu tun! das Spiel des
Himmels hat mich sorglos gemacht.

*

Wie der Ostwind will ich einen Besuch
Dem Haus des Freundes machen.
Meinen Geist will ich durch seinen Geruch
Durchschwärzt mit Moschus machen.

Meines Angesichts verlornen Glanz,
Meine Wissenschaft und Glauben,
Will ich alle zu dem Staube der Tür
Von meinem Liebling machen.

Ohne Wein und ohne Liebesgenuß
Verfloß bisher mein Leben,
Aber meinem Kaltsinn will ich von heut
Gewiß ein Ende machen.

Ha wo ist der Ostwind? wo ist er denn?
Ich will mein Herz, das blutet,
Einem einz'gen Würzehauch des Haars
Zum Brandesopfer machen.

Wie der Glanz der Morgenkerze ist mir
Der Vorsatz klar geworden:
All mein Leben will ich nur zum Geschäft
Von seiner Liebe machen.

Heuchelei, Hafis, verleihet dir nicht
Die heitre Ruh' des Herzens,
Besser ist's zu meiner Straße den Pfad
Von Lieb' und Wein zu machen.

*

Der Frömmling hat gespannt sein Netz,
Und seinen Becher aufgemacht,
Er hat mit dem Gebäu des Trugs
Dem Himmel Gaukelei gemacht,

Der Himmel aber schlägt sofort
Ihm Eier auf dem Kopf entzwei,
Weil er aus seiner Gaukelei
Uns hat Geheimnisse gemacht.

Komm Schenke, komm, und gib mir Wein,
Das schöne Kind des frommen Manns
Hat sich in seinem Glanz gezeigt,
Und mir Liebkosungen gemacht.

Was für ein Spieler ist denn dies,
Der aus dem Ton Irak sein Lied
Begonnen hat, und dann zum Ton
Hedschas den Übergang gemacht.

O komm mein Herz, wir flüchten uns
Zum Zufluchtsort, zu unsrem Gott,
Vor jenem, der die Ärmel kurz,
Die Hände aber lang gemacht.

Verleg dich nicht auf Künstelei,
Denn jedem, der in seinem Thun
Nicht frei und offen handelt, wird
Die Tür der Liebe zugemacht.

Am Tage des Gerichts, an dem
Die Wahrheit aufgedecket liegt.

Wird jeder, der verborgene
Bedeutung glaubt, beschämt gemacht.

Wohin so lieblich schwankest du?
Du schönes Reh: wohin? bleib' stehn!
Verlaß dich nicht auf das Gebet,
Das der Scheinheilige gemacht.

O schmäh' die Trunknen nicht,
Hafts! du bist von Ewigkeit
Durch Gott zu einem Menschen, der
Die Gleisnerei entbehrt, gemacht.

*

Mein ist künftig diese Hand,
Und der hohen Zeder Saum,
Deren luft'ge Höhe mich,
Aus der Wurzel hat gerissen.

Keinen Sänger, keinen Wein
Braucht es, heb' den Schleier auf,
Deines Angesichtes Glut
Machet mich wie Sphären tanzen.

Nur dasjenige Gesicht
Ist des Glückes Spiegelwand,
Das gerieben ward am Staub,
Von dem Hufe dieses Pferdes.

Dein Geheimnis habe ich
Aller Welt gesagt, nun sprich,
Was du willst, unmöglich kann
Länger die Geduld mir dauern.

Bring mir diesen Moschushirsch,
Jäger bring mir ihn nicht um,
Schäm' vor seinem schwarzen Aug,
Schäme dich ihn anzubinden.

Ich bin nicht imstand, den Staub
Aufzuheben von der Tür',
Ach! wie könnte ich den Staub
Dieses Prachtpalastes küssen.

Wird Hafisens süßes Lied,
Zu dem Saitenspiel gehöret,
So verlieret selbst Kemal
In Chadschend den Mut zu singen.

*

Fortgegangen ist der Freund,
Hat uns Verlornen nicht kund es getan,
Hat nicht seines Freunds der Stadt,
Seiner Gefährten Erwähnung getan.

Sieh', entweder hat mein Glück
Sich von dem Wege der Liebe verirrt,
Oder von dem wahren Weg
Hat mein Geliebter den Absprung getan.

Aufzuopfern stand ich da,
Ihm zu gefallen, wie Kerzen den Geist,
Aber Er hat, wie der Ost,
Mir im Vorbeigeh'n nicht freundlich getan.

Zu mir selber sprach ich dann:
Ha! vielleicht wird er durch Tränen erweicht,
Aber auf den harten Stein
Haben die Tränen nicht Eindruck getan.

Meinem Herzen hat der Schmerz
Schwingen und Fittiche gänzlich zerknickt,
Doch verliebte Torheit wird
Nimmer aus meinem Gemüte getan.

Wer geseh'n hat dein Gesicht,
Küsset mit Freunden mein sehnendes Aug',

Denn mein Auge hat noch nichts
Ohne die reifste Betrachtung getan.

Sieh! es wird Hafisens Kiel
Mit der gespaltenen Zunge gewiß,
Niemanden sich anvertraun,
Bis er Verzicht auf das Leben getan.

*

Begreifst du, was die Leier, was
Die Laute dir für Lehren machen?

Sie sagen: trinke heimlich Wein!
Verdruß wird man dir sonsten machen.

Sie breiten aus der Liebe Ruhm,
Die Glorie der Verliebten.

Sie fahren fort, so Alt als Jung
Mit Schmähungen berühmt zu machen.

Sie sagen: sprecht und höret nichts
Von den Geheimnissen der Liebe.

Es ist ein allzu schweres Ding,
Wovon sie die Beschreibung machen.

Ich weilte vor der Freundin Tür,
Mit tausendlei Betrug gelocket,

Ich möchte wissen, was sie wohl
Darin für einen Ratschlag machen.

Es geben diese Better nur
Dem Wirte Sorg' und Plage,

Sie rauben seine Zeit, o sieh!
Was sie dann mit dem Alten machen.

Trink' Wein, denn scheinet dir der Scheich,
Der Vogt, und selbst Hafis, der Dichter

Auf gutem Weg, so wisse, daß
Sie alles mit Verstellung machen.

*

Herrscher sind die Sklaven von deinen Narzissen,
Weise sind berauschet von deinen Rubinen,

Wie der Ostwind gehe vorbei bei den Veilchen,
Sieh, was deine Locken für Unheil gestiftet.

Dich verriet der Ostwind, mich aber die Tränen,
Niemals bleibt versteckt das Geheimnis der Liebe.

Deine Rosenwangen besing' ich mitnichten,
Tausend Nachtigallen lobpreisen dieselben.

Gehst du deine doppelten Locken vorüber,
Sieh die Unbeständigen, welche dran haften.

Eden ist uns einstens zum Lose bestimmt,
Denn gewiß verdienen die Sünder Erbarmung.

Geh' zur Schenk' und röte dein Angesicht dorten,
Geh' nicht in die Zelle, dort wohnen die Gleisner.

Du mein Chiser, sei mir gesegnet und hilf mir;
Denn ich bin zu Fuß, und die anderen reiten.

Niemals sei Hafis von den Haaren befreit,
Denn nur deine Sklaven sind Freie zu nennen.

*

Mädchen mit dem Duft der Jasminen,
Verscheuchen Gram, wenn sie sich setzen,
Mädchen mit den Feengesichtern,
Verscheuchen Ruh', wenn sie sich heben.

Siehe mit den Banden des Schmerzes
Verbinden sie das wunde Herz,
Von dem Haar durchwürzet mit Ambra
Verstreuen sie auf dem Wege Seelen.

Sie verweilen wenig Sekunden,
Sie gehen, sobald sie sich gesetzet.
Steh'n sie auf, so pflanzen sie immer
Den Zweig der Sehnsucht in die Herzen.

Wenn sie lachen, regnet es Tränen
Vom Auge, Tränen wie Rubinen,
Wenn sie meine Wangen betrachten,
Erspähen sie bald mein Geheimnis.

Wer da fassen kann die Betrübnis
Der Einsamkeit, kann selbe fassen,
Wer versteht die Farbe der Wangen
Des Morgenfreunds, versteht derselbe.

Manche, welche Heilung der Liebe
Für leicht, Arznei für nützlich halten,
Bleiben, wenn sie drüber sich setzen
Und auf Arzneien sinnen, stecken.

Flehende zum Throne des Herren
Beginnen ihr Gebet mit Klagen,
Wenn vor ihrem Thron sich Hafis stellt,
So ist's, daß er geprüfet werde.

*

Verliere keine Zeit mit Gram,
Im Ganzen ist die Welt nichts wert,
Verkauf das Ordenskleid um Wein,
Es ist ja sonsten zu nichts wert.

Des Freundes Land sei mir geehrt,
Weil es die Männer schützt und schirmt,
Wenn nicht, was nützt mir Farsistan,
Es ist so vieler Müh' nicht wert.

Man gibt nicht einen Becher Wein
Für meinen Teppich in der Schenke,
Was für ein Teppich! seh't, er ist
Nicht einen Becher Weines wert.

Du wasche deine Ängstlichkeit
Vom Ordenskleide reinlich aus,
Denn alle Kuttenflecken sind
Kein Glas von rotem Weine wert.

Wie leicht scheint anfangs nicht die Flut
Des Meeres, aus Hoffnung des Gewinnes!
Doch weit gefehlt! denn diese Flut
Ist nicht zehntausend Perlen wert.

Die Königskron', die von der Höh'
Des Scheitels Seelen Furcht einflößt,
Ist zwar ein schöner Kopfschmuck', doch
Nicht den Verlust des Hauptes wert.

Weit besser ist es, wenn du dein
Gesicht den Liebenden verbirgst,
Denn die Erobrung einer Welt
Ist nicht der Müh des Krieges wert.

Sei, wie Hafis, genügsam, tu'
Wie er auf dieser Welt Verzicht,

Ein Gran von Niederträchtigkeit
Ist nicht zweihundert Tonnen wert.

*

Wer auf die Treuen achtgibt,
Der sei versichert, daß der Herr
Auf seine Diener achtgibt.

Wer Treue wünscht vom Liebchen,
Behalt' den Faden, weil sonst nicht
Das Liebchen auf ihn acht gibt.

Des Freundes Sag' erzähl' ich
Dem Freund, weil aufs bekannte Wort
Nur der Bekannte acht gibt.

Ich sprach zu ihm: Bewahre
Mein Herz; Er sprach: was nützt es wohl,
Wenn Gott auf Diener achtgibt.

Ich opfre Herz und Seele,
Und Haupt und Gold dem Liebling auf,
Der auf die Worte achtgibt.

Wenn du im Haare Ostwind,
Mein Herz erblick'st, sag' ihm mit Huld,
Daß auf den Platz es achtgeb'.

So sollst du immer leben,
Daß, wenn du strauchelst, aufs Gebet
Dein Engel auf dich achtgibt.

Ihr Tapfern, ehr't den Herren,
Daß auch er seinerseits auf Euch,
Wie auf die Seele achtgibt.

Wo ist der Staub des Weges,
Daß d'rauf Hafis, wie auf ein Mal
Des Morgenwindes achtgibt.

*

Des Herzens Blut von meinem Auge
Auf das Gesicht heruntergeht,
Was soll ich sagen, was vom Auge
Auf das Gesicht heruntergeht.

Ich habe tief in meinem Busen
Die Sehnsucht und Begier versteckt,
Und diese Sehnsucht ists, durch welche
Mein Herz einst in die Lüfte geht.

Ich habe in den Staub des Weges
Des Freundes mein Gesicht gelegt,
Wohl billig ist, daß beim Gesichte
Er als bekannt vorübergeht.

Der Augen Wasser ist ein Gießbach,
Durch dessen Kraft ein jedes Herz,
Und wär' es von dem härt'sten Steine,
Von selbst aus seinem Platze geht.

Mit meines Auges Tränenstrom
Hab' ich zu zanken Tag und Nacht,
Ich frag' ihn aus, warum er immer
Nach des Geliebten Wohnung geht.

Sobald mein liebgewohnter Vollmond
Daher in seinem Kleide geht.

Es geht Hafis mit reinem Herzen
Und fröhlich zu der Schenke hin,
Wie reinen Sinns ein frommer Mann
In seine Zelle geht.

*

Ihr Moslimen, es war
Ein Herz mein eigen einst,
Dem ich immer geklagt,
Was Schwieriges mir war.

Ein mitleidiges Herz
Und ein erfahrner Freund,
Welcher Schützer und Schirm
Von allen Herzen war,

Der in jeglichem Fall,
Für mich verwirrten Mann,
Ein geschickter Gefährt,
Ein weiser Helfer war.

Wenn in Wirbel ich fiel
Durch meines Auges Flut,
Wußt' ich, daß mir durch ihn
Noch Rettungshoffnung war.

Diesen Retter verlor
Ich in der Liebe Land.
Welch' ein räuberisches Land,
O Herr! dasselbe war!

Meinen Augen entfloß
Darum ein Tränenstrom,
Wenngleich zu dem Genuß
Die Möglichkeit nicht war.

Mangel folget zwar oft
Der Tugend im Geleit,
Aber seht mich und sagt,
Ob einst ein Ärmrer war.

Meiner Lieder erwähnt
Man nun in jedem Kreise,

Seit die Liebe für mich
Des Wortes Quelle war.

O erbarmet, erbarmt
Euch dieses Trunknen hier,
Der ein stattlicher Mann
In seinen Tagen war.

Sage fürder mir nicht,
Hafis ist tief gelehrt,
Denn ich hab' ihn geseh'n,
Unwissend, wie er war.

*

Rosen sind ohne Rosenwangen nicht lieblich,
Ohne den Wein sind Frühlingstage nicht lieblich.

Reize der Flur, und laue Lüftchen des Hains sind
Ohne der Tulpenflur der Wangen nicht lieblich.

Mädchen mit Rosenwuchs und zuckrigem Mund sind
Ohne Umarmung, ohne Küsse nicht lieblich.

Siehe der Tanz der Zeder, die Ruhe der Ros' ist
Ohne den Laut der Nachtigallen nicht lieblich.

Mag der Verstand Gemälde betrachten,
Ist's nicht das Bild des Liebchens, nimmer ist's lieblich.

Lieblich sind Flur, und Wein und Rosen; doch wisse
Ohne Gespräch der Freundin sind sie nicht lieblich.

Seelen, Hafis, so kleine winzige Münze
Vor den Geliebten auszustreu'n ist nicht lieblich.

Ich sinn darauf, daß mir etwas gelinge,
Woraus dann meinem Gram sein Ende komme;

Das Herz ist nicht für Gegner, denn es scheint,
Daß wenn ein Teufel geht, ein Engel komme.

Die Dränger halten Rat in Finsternissen,
Du bitt', daß Licht der Sonne, daß es komme.

Du kannst am Tor der harten Menschen sitzen,
Und warten, daß zuletzt der Hausherr komme.

Du bettle zu, kannst einen Schatz noch finden,
Vielleicht daß dir ein Blick vom Weg herkomme.

Der Treue und der Lügner bieten Waren,
Ich möchte wissen, wem der Kauf zukomme.

O Nachtigall, du liebst, begehre Leben,
Wohl möglich, daß ein grünes Zweiglein komme,

Hafis ist faul, es ist natürlich,
Daß man aus Schenken trunken komme.

*

Deine Schönheit stets vermehret sei!
Deine Wange zu tulpenfärbig sei!

Deiner Liebe Bild in meinem Kopf
Täglich mehr und größer sei!

Aller Schönen Wuchs zu deinem Dienst
Wie ein C gekrümmet sei!

Jedes Auge, das du nicht verwirrest,
Tränenquell ein Blutmeer sei!

Zu dem Herzensraub dein schelmisch Auge
Zaubereienkundig sei!

Jedes Herz, worauf dein Gram gewirkt,
Ohne Rast und Ruhe sei!

Jedes Herz, das Trennungsschmerz nicht kennt,
Vom Genußring ferne sei!

Meine Seele, nämlich dein Rubin,
Fern von niedren Lippen sei!

*

Solang von Wein und Schenken
Ein Zeichen sein wird,
Mein Kopf im Staub des Weges
Des Wirtes sein wird.

Du fleh' um Gnaden einstens
An meinem Grabmal,
Weil es die Wallfahrtsstätte
Der Trunknen sein wird.

Der Ring des Wirts von ewig
Am Ohr mir hänget,
Ich bin, was ich gewesen,
Mein Staub einst sein wird.

Geh', blinder Klausner, gehe,
Weil mir und dir auch
Verhüllt ist das Geheimnis,
Und stets so sein wird.

Es ging mein Vielgeliebter
Heut auf den Raub aus,
Wem wohl das Los zu bluten
Bestimmet sein wird.

Ein Ort, auf dem die Stapfen
Von deinem Fuß sind,

Der Zufluchtsort von allen
Vernünft'gen sein wird.

Vom Tag, wo ich aus Liebe
Ins Grab mich lege,
Bis zum Gericht mein Auge
Bei deinem sein wird.

Solang das Glück Hafisen
Nicht günst'ger sein wird.
Des Liebchens Haar in Händen
Von andern sein wird.

*

Vernimm, daß ohne Lieb' die Welt
Für Seelen keinen Zauber hat,
Und daß, wer nicht so denkt und fühlt,
Fürwahr gar keine Seele hat.

Noch gegen keinen hab' ich Gunst
Von diesem Herzensdieb geseh'n,
Es sei nun, daß ich es nicht weiß,
Es sei, daß keine Gunst er hat.

Vom Posten der Zufriedenheit
Kann ich unmöglich weitergehen,
O Karawanenführer bleib',
Weil dieser Weg kein Ende hat.

Es liegt in jedem Tropfen Tau
Auf diesem Weg ein Feuermeer,
O schade, zehnmal schade ist's,
Dies Rätsel keine Lösung hat.

Wohl wenig Reiz und Freude hat
Das Leben ohne einen Freund,
Woher kommt es, daß ohne Freund
Das Leben wenig Reize hat?

Des Rausches Sitte lernest du,
O Herz, am besten von dem Vogt,
Denn sieh', er ist berauscht, wiewohl
Kein Mensch hievon den Argwohn hat.

Scheint dir der Nebenbuhler gleich
Ein Licht, versteck' dein Herz,
Weil dieser Schelm und Schwätzermund
Kein Band auf seiner Zunge hat.

Betrachtest du beim Licht den Mann,
Dem du den Namen Meister gibst,
So siehest du, daß er zwar Kunst,
Doch keinen Vers, der fließet, hat.

Die krummgebogne Laute ruft
Zur Freude, zum Vergnügen auf,
O hör' sie, weil der Alten Rat
Kein Unheil noch verursacht hat.

Was dem Karun, mit seinem Schatz,
In alter Zeit einst widerfuhr,
Dies sagt die Rose, die ihr Gold
Vor allen Leuten offen hat.

Kein Mensch hat in der ganzen Welt
Solch einen Diener, wie Hafis,
Weil niemand in der ganzen Welt,
Wie er, solch einen Herren hat.

*

Vor deinem Angesicht
Der Mond nicht Schimmer hat,
Die Rose keinen Glanz
Vor deinen Wangen hat.

Des Herzens Posten sind
Der Augen hohe Brau'n;

Solch einen schönen Ort
Kein Fürst und König hat.

Was tut des Herzens Rauch
Den Wangen denn zu Leid?
Du weißt, ein Spiegel nichts
Vom Hauch zu fürchten hat.

Ich bin es nicht allein,
Den dieses Haar verfolgt,
Wer ist's, der in der Brust
Kein Brandmal hat?

Ich sehe, daß das schwarze Aug'
Das dir im Kopfe rollt,
Auf keinen alten Freund
Die kleinste Rücksicht hat.

Herold, der Schenke gib
Mir nur ein Rotel Wein's,
Auf's Wohlsein unseres Scheichs,
Der keine Pfründe hat.

Du trinke Blut und schweig',
Indem das zarte Herz,
Für solche Klagen nicht
Geduld und Muße hat.

Wie frech ist die Narziss',
Daß sie vor dir noch blüh't,
Daß mit zerriß'nem Aug',
Sie wenig Sitte hat.

Geh' hin und wasch' mit Blut
Den Ärmel jedermanns,
Der nicht zur Schwell' der Tür',
Den Weg gefunden hat.

Hafisen schmäle nicht,
Er liegt anbetend da,
Ein Freigeist in der Lieb'
Auch keine Sünde hat.

*

In unserm Kreis ist gestern
Von deinem Haar gesprochen worden,
Bis alle freie Herzen
In Nacht verstricket worden.

Sie, die durch deine Wimpern
In Blut gestürzet worden,
Sie sind aus Lust der Brauen
Zu Toren abermal geworden.

Vom Ach und Weh der Liebe
Hat der Gelehrte keine Nachricht,
Daher von Wimpern Zwietracht
Auf dieser Welt gestiftet worden.

Ich zählte mich Verwirrten,
Einst selber zu den Auserwählten,
Da ist am Weg ein Fallstrick
Aus deinem Haar gespannet worden.

Lös auf des Kleides Gürtel,
Daß sich mein Herz auch wieder löse,
Die Freude, die ich hatte,
Ist mir allein durch dich geworden.

Wenn du die Treue liebest,
So komm einst zu dem Grab Hafisens,
Er ist ja nur aus Sehnsucht
Nach dir als Staub entseelt worden.

*

Der Frommen Münze ist nicht rein,
Die Kutten sind des Feuers wert;

Der Fromme, der am Morgen trank,
Wird Abends erst betrunken sein.

An einem Probstein würde schwarz,
Wer nur den kleinsten Flecken hat.

Ein Weichling leitet nicht den Weg
Zum Freund, den der Bedrängte geht.

Was kümmerst du dich viel? trink' Wein,
Weh! Weisen, die verwirret sind!

Zeigt sich der Widerschein vom Flaum,
So steigt in viele Wangen Blut.

Den Teppich des Gebets verkauft
Hafis für ein Glas Wein.

*

Als in der Ewigkeit deiner Schönheit
Schimmer entglänzte, ward die Liebe,
Die mit Flammen die Welten ergriffen.

Strahlen entfloßen den Wangen; Engel
Sah'n es, und blieben unempfindlich;
Zürnend wandte sie sich zu den Menschen.

Siehe! da bat der Verstand um einen
Funken, die Leuchte anzuzünden,
Eifersucht war der blitzende Funken.

Unsere Geheimnisse zu erfahren,
Wünschte der Nebenbuhler, eine
Höhere Hand hält die Brust ihm verwirret.

Anderen brachte das Los, das ihnen
Einstens beschert ward, Liebe: meinem
Gramen Herzen nur brachte es Kummer.

Selbst der belebende Geist der Welten
Fiel in das Grübchen deines Kinnes,
Faßte, um sich zu retten, die Locken.

Selbigen Tages, Hafis, verließest
Du das Vergnügen in der Liebe,
Triebst die Freude aus deinem Gemüt aus.

*

Ich und Weinverleugnung!
Was das für ein Fabeln ist!
Hoffentlich daß mir doch
Noch Verstand geblieben ist.

Ich, der lange Zeit durch
Auf der Laute närrisch war,
Soll mich nun belehren!
Was das für ein Fabeln ist!

Selbst den Weg der Schenke
Kennen wir nicht bis an's End',
Sagt, zu welchem Ende
Frömmigkeit gewesen ist.

Kommt der Klausner nicht zur Schenke,
So sei's ihm verzieh'n,
Liebe ist ein Zustand,
Dem die Leitung nötig ist.

Gerne dien' ich ihm, der
Von der Dummheit mich geheilt,
Meinem Wirt, weil, was er
Tut, dem Land zum Besten ist.

Ich Betrunkner bettle,
Klausner zaubern durch's Gebet,
Wer von beiden ist's, dem
Deine Huld gegeben ist.

Weil ein Weiser sagte,
Die Betrunkenheit Hafisens
Bringet Stoff zu klagen,
Hatt' ich gestern keinen Schlaf.

*

Ich sprach: Ich leide deinethalb,
Sie sprach: Dies soll zu Ende kommen,
Ich sprach: O werde du mein Mond!
Sie sprach: Vielleicht mag es so kommen.

Ich sprach: Von Liebenden sollst du
Der wahren Treue Pflichten lernen;
Sie sprach: Von Mondgesichtern wird
Hierin nicht viel zum Vorschein kommen.

Ich sprach: Ich sperre deinem Bild
Den Weg zum Herzen vor dem Aug';
Sie sprach: Mein Bild ist ränkevoll,
Es wird auf andern Wegen kommen.

Ich sprach: Der Duft der Locken hat
Mich in der Welt ganz irr geführet;
Sie sprach: Ei wär' es dir bekannt,
Er wird als Führer zu dir kommen.

Ich sprach: Ich fiel vom Mörderstreich
Der Lust nach deines Monds Rubinen;

Sie sprach: Du leiste treuen Dienst,
Dann wird dafür die Nahrung kommen.

Ich sprach: Wann wird dein böses Herz
Sich endlich zu den Freunden neigen?
Sie sprach: Du rede nicht hievon,
Eh' daß des Friedens Zeit gekommen.

Ich sprach: Hast du geseh'n, wie schnell
Die Zeit der Wonne ist vergangen?
Sie sprach: O schweige still, Hafis,
Auch dieses wird noch anders kommen.

Wer von Ewigkeit her die Huld
Des Glückes verdient hat,
Wird in Ewigkeit hin trinken
Den Becher nach Wunsch.

Als ich den Wein begehrte,
Da überfiel mich die Reue,
Nach gekosteter Frucht, sagte ich,
Werd' ich's bereu'n.

Nun gesetzt, ich nähm' auf die Schultern
Den Teppich wie Lilien
Wäre mein Ordenskleid
Doch rosengefärbet vom Wein,

Ohne das Licht des Weins
Vermag ich nicht einsam zu sitzen,
Des Vernünftigen Zell' ist
Ja beständig erhellt.

Jetzt im Frühling, im freundlichen Kreis,
Bei trauten Gesprächen
Nicht zu nehmen das Glas
Von dem Geliebten ist dumpf.

Fröhlichen Muts! wenn auch
Das Glas nicht mit Steinen besetzt ist,
Wackeren Trinkern gilt
Nektar der Reb' als Rubin.

Siehst du gute Männer mein Herz,
So fliehe die Bösen,
Böser erlernter Brauch
Ist von der Torheit ein Mal.

Scheinet mein Tun gleich ohne
Besinnung, so ist es doch ernsthaft,
Denn das Betteln gilt hier
Mir für die Würde des Schahs.

Sehet, Hafis trinkt Wein
Im Verborgenen, so sagte ein Frommer;
Frommer! was heimlich geschieht,
Ist noch nicht Sünde deshalb.

*

Ich weiß, daß niemand meinem Freund
An Treu und Anmut gleichkommt,
Und daß hierin der Widerspruch
Am wenigstens dir zukommt.

Ich schwör' es bei dem alten Bund,
Daß keiner der Vertrauten,
Dem Freund an wahrer Dankbarkeit
Und an Geradheit gleichkommt.

Wiewohl sich mit Liebkosungen
Die Liebeshändler brüsten,
So weiß ich doch, daß meinem Freund
An Anmut keiner gleichkommt.

Viel tausend Münzen bringet man
Zu Markt, sie zu verkaufen,

Wiewohl nicht eine an Gehalt
Dem Kern des Freundes gleichkommt.

Mein Herz, betrüb' dich nicht zu sehr,
Ob bittern Spott der Neider,
Weil meinem hoffenden Gemüt
Daraus nichts Übels zukommt.

Ich malte tausend Bilder aus,
Mit kunstgewandtem Pinsel,
Wiewohl kein einziges davon
Dem Bild des Freundes gleichkommt.

O weh! o weh! es zieht davon
Des Lebens Karawane,
So daß ihr Staub nicht bis in's Land
Von meinen Wünschen hinkommt.

Du lebe mit den Leuten so,
Daß wenn du Erbe wärest,
Doch keinem, der vorübergeht,
Von dir ein Stäubchen zukommt.

Verbrennet ist Hafisens Herz,
Ich fürchte, daß die Sage
Davon nicht einstens bis zum Ohr
Des großen Schahes hinkommt

*

Wieder hat mich der Wein
Des Gebrauchs der Sinne beraubet,
Anfangs tat er mir schön,
Später berauscht' er mich dann.

Tausendmal sei es gedankt
Dem edeln rötlichen Weine,
Daß ich durch ihn das Gelb'
Meines Gesichtes verlor,

Gerne liebkos't ich die Hand,
Die zuerst die Trauben gepflückt hat,
Glücklich wandle der Fuß,
Welcher die Trauben zertrat.

Eingeprägt ist der Stirne das Los
Von den Händen des Schicksals,
Was das Schicksal schrieb,
Scheret kein Messer hinweg.

Prahle mit Philosophie nicht viel!
In der Stunde des Todes
Steht verwirrt und bestürzt
Selbst Aristoteles da.

Du betrage dich so
In deinem Leben auf Erden,
Daß man bei'm Tode nicht sag':
Ewig hin ist er nun tot.

Von dem Glase voll Weins
Wird jeder berauscht mit der Einheit,
Der den lauteren Wein
Immerfort trinkt wie Hafis.

*

Gestern sah ich, daß Engeln
In der Schenke saßen,
Adamslehmen zerrührten,
Und in Becher gossen.

Die Besitzer der höchsten
Reinigkeit und Herrschaft
Haben mit mir Betrunknen,
Becher angestoßen.

Nicht zu tragen vermochten
Himmeln Last der Liebe,

Deshalb wurde dies Los mir
Närrischen gegeben.

Gott sei Dank, daß nun Friede
Zwischen mir und ihr ist!
Tanzend haben Huris
Wein des Dankes getrunken.

Soll ich mich nicht verirren,
Hundert tausendmale!
Durch ein einziges Körnlein
Ward einst Adam irre.

Du verzeihe dem Streite,
Zwei und siebzig Sekten,
Weil sie Wahrheit nicht kannten,
Fielen in den Irrtum.

Was von Kerzen uns lachet,
Ist nicht wahres Feuer,
Wahres Feuer ist jenes,
Das verzehrt die Mücke.

Liebe machet die Herzen
Winkelsitzern blutig,
Wie das Mal, das die Wangen
Der Geliebten zieret.

Keiner hat noch Gedanken
Wie Hafis entschleiert,
Seit die Locken der Wortbraut
Sind gekräuselt worden.

*

Kann ein trübes Gemüt sich
Freun an fröhlichen Liedern,
Laßt uns sagen ein Wort,
Sei es nun, was es auch sei.

Fänd' ich nur einen Ring,
Verfertigt aus deinen Rubinen,
Wäre mir hundertmal
Untertan Salomons Reich.

Du betrübe dich nicht, mein Herz,
Wenn die Neider dein spotten,
Denn es liegt vielleicht
Manches des Guten darin.

Wer den Sinn nicht versteht
Von meinem beseelenden Pinsel,
Macht kein gutes Gemäld',
War' er ein Maler aus Sin.

Herzensblut und Wein,
Ein jedes ward einem gegeben,
Solchergestalt wird im Kreis
Unseres Schicksals geteilt.

Sehr ist verschieden
Das Los des Rosenwassers der Rose,
Jenes sitzet zu Markt,
Diese im Winkel versteckt.

Ha! es wird nicht geschehn,
Daß Hafis vom Rausch sich ernüchtre,
Denn von ewig her ward dieser
Zum Los ihm bestimmt.

Das Glück gibt mir vom Wind
Des Freund's das Zeichen nicht,
Das Schicksal spendet mir
Des Haar's Geheimnis nicht.

Ich bin aus Sehnsucht tot,
Zum Schleier führt kein Weg,
Und führt ein Weg, so gibt
Man mir das Zeichen nicht.

Ich gab für einen Kuß
Des Munds die Seele hin,
Die Seele nimmt er nicht,
Den Kuß, den gibt er nicht.

Der Wind durchwühlt sein Haar,
O niederträcht'ges Los!
Es gibt mir nicht die Kraft,
Dem Winde gleich zu weh'n.

Wie sehr ich auch den Rand
In Zirkelform umgeh',
So gibt mir doch das Los
Den Punkt zum Durchgang nicht.

Der Dank wird endlich doch
Geerntet durch Geduld,
Die Zeit, die not ist, nicht.

Ich sprach: ich geh' in's Bett,
Den Freund im Schlaf zu seh'n,
Allein Hafisens Ach!
Und Weh! gibt Ruhe nicht.

*

Brenne mein Herz, es wird der Brand
Dir vieles Unheil sparen,
Bitten von einer halben Nacht,
Entfernen hundert Übel.

Wenn du die Schönen tadeln willst,
So tu's mit süßen Worten,
Augengekos't derselben kann
Wohl hundertmal dich strafen.

Wer sich dem Dienst des Glases weiht,
Worin die Welt sich spiegelt,

Hebet den Schleier sicher auf,
Der die Welten trennet.

Siehe, der Arzt der Liebe ist
Ein Heiland süßen Odems,
Wenn er dich aber krank nicht sieht,
Wen soll er dann wohl heilen.

Traue dem Herrn in deinem Tun,
Und sei dann frohen Herzens,
Wenn sich auch keiner dein erbarmt,
So wird sich Gott erbarmen.

Über das umgestürzte Glück
Bin ich mit Rechten traurig,
Aber vielleicht gedenkt man mein,
In dem Morgensegen.

Wehe! Hafis ist verbrannt, es kam
Kein Duft aus Freundes Locken,
Aber vielleicht verweis't der Ost
Mich zu diesem Glücke.

*

Ein Morgen war, wo mir ein Glas
Von Wein ist zugefallen.
Wo von dem Mund des Schenken Wein
Mir auf den Gaum gefallen.

Der Jugend-Zeiten wollte ich
Zurücke wieder führen,
Ach leider! daß schon lange her
Die Scheidung vorgefallen.

In eine Ecke träumt' ich mich,
Von seinem trunk'nen Auge,
Ach leider! daß mir die Geduld
Ob seinen Brau'n entfallen!

Verkündigt Freudenkunde nun,
Weil in dem Morgenschlafe
Noch gestern in mein Kämmerlein
Ein Sonnenstrahl gefallen.

Wohin ich immer ging und kam,
Erfuhr ich, daß die Heilung
Von seiner Blicke süßem Spiel
Sehr weit entfernt gefallen.

O Schenke gib den Becher her,
Denn wer auf diesem Pfade
Nicht wie Verliebte gehet, ist
In Heuchelei verfallen.

Vernehmet, daß Hafisens Geist,
Als er dies Lied geschrieben,
Gleich einem Vogel in das Netz
Von der Begier gefallen.

*

Denket o Freunde, der Zeit des Genusses,
Denket der Tage, gedenket daran,

Bitter und giftig von Schmerz ist mein Gaumen,
Denket der Trinker, gedenket daran.

Wenn sich die Freunde nicht meiner erinnern,
Denk ich derselben, gedenke daran.

Ach ich verstricke mich in die Gefahren,
Dank sei den Rettern, gedenket daran.

Wenngleich die Augen beständig mir strömen,
Denk ich des Gärtners, gedenke daran.

Ich bin entkräftet; vor Gram mich zu schützen,
Denket des Mittels, gedenket daran.

Welcher bewahret Hafisens Geheimnis?
O! der Vertrauten, gedenket daran.

*

Aus der Tafel meines Herzens wird
Dein Gemälde nie ausgehen,
Diese schwanke Zeder wird
Nie aus der Erinnrung gehen.

Deiner Wangen Fantasie
Wird nach allem Himmelsleiden,
Wird nach aller Pein der Welt,
Nicht aus meinem Geiste gehen.

Ewig her schon ward mein Herz
Deinen Locken angebunden,
Und in Ewigkeit wird's nie
Aus dem Bund der Treue gehen.

Alles was in meiner Brust
Außer deinen Leiden liegt,
Alles, alles geht hinaus,
Dieses eine will nicht gehen.

Deine Liebe hat sich fest
In mein Innres eingenistet,
Und verlier' ich auch den Kopf,
Wird die Liebe nicht ausgehen.

Geht mein Herz den Schönen nach,
So ist es ihm zu verzeihen,
Es ist krank, wie soll es denn
Nicht nach Arzeneien gehen?

Wer da wünscht, nicht wie Hafis,
Schwindlicht in dem Kopf zu werden,
Schenke Schönen nicht sein Herz,
Soll auf ihrem Pfad nicht gehen?

*

Wollte wegen jeder Sünde
Gott der Herr den Sünder greifen,
O da würde Weh und Klagen
Eine ganze Welt ergreifen.

Ihm sind Stroh und Berge Eines;
Manchesmal wird er den Bergen
Ihre Sündenlast verzeihen,
Manchesmal das Stroh ergreifen,

Immer sündig'st du auf Erden,
Weißt du nicht, daß in dem Himmel
Sie den Mond, wenn er gesündig't,
Ob der Missetat ergreifen;

Freilich schein'st du rein am Saume,
Aber deine Missetaten
Werden morgen sich erst zeigen,
Wenn zur Strafe sie dich greifen.

Über meine Sünden will ich
Eine Nacht so bitter weinen,
Daß den Freund der Strom der Tränen
Aller Orten soll ergreifen.

O Hafis, sobald der König
Einen will zum Tod hinrichten,
Sage, wer alsdann im Stand ist,
Seine Fassung zu ergreifen.

*

Der Reiz der Schönheit deines Gesichts ergriff
Die ganze Welt der Länge und Breite nach.
Des Himmels Sonne ist beschämt
Von dem Gesichte des Erdenmondes.

Es ist mir nichts als billig, daß jedermann
Hienieden deine Schönheit beteuere,
Und deines Angesichtes Anschaun
Ist selbst von Engeln für Pflicht zu halten.

Die Sonn' im vierten Himmel entlehnt
Dem Glanze deiner Wangen den Strahlenkreis,
Sie ist bedeckt mit Schulden gleich der
Siebenten Erde zurückgeblieben.

Der Geist, der dir nicht opfert und huldig't,
Wird ohne Leben bleiben für immerhin.
Zerstreuet seien Körper, die sich
Dir nicht zum Sklaven geweiht haben.

Es ist für dich nur eitles Bemüh'n Hafis,
Wenn du den Staub der Erde zu küssen wähnst,
Denn die Geschichte deiner Sehnsucht
Sagen die Winde von allen Seiten.

*

Reich mir, o Schenke, das Glas,
Bringe den Gästen es zu,
Leicht' ist die Lieb' im Anfang,
Es folgen aber Schwierigkeiten.

Wegen des Moschusgeruchs,
Welchen der Ostwind geraubt
Deinen gekrau'sten Locken,
Wie vieles Blut entfloß dem Herzen!

Folge dem Worte des Wirts,
Färbe den Teppich mit Wein.
Reisende sind der Wege,
Sie sind des Laufs der Posten kundig.

Kann ich genießen der Lust
In des Geliebten Gezelt,

Wenn mich zum Aufbruch immer
Der Karawane Glocke rufet!

Finstere Schatten der Nacht!
Wogen und Wirbelgefahr,
Können Euch wohl begreifen,
Die leicht geschürzt am Ufer wohnen?

Durch die befriedigte Lust
Ward ich zum Märchen der Stadt,
Kann ein Geheimnis bleiben
Der Stoff der allgemeinen Sage?

Wünschest du Ruhe Hafis,
Folge dem köstlichen Rat:
Willst du das Liebchen finden,
Verlaß die Welt und laß sie gehen.

*

Der Mond der Schönheit borgt sein Licht
Von deiner Wangen Strahlen,
Der Glanz der Anmut strahlet aus
Von deines Kinnes Grübchen.

Kann mein *versammeltes* Gemüt
Mit deines Haares Locken,
Die ganz zerstreuet sind, o Gott!
Sich je zusammen finden.

Des Sinnes dich zu schauen, kam
Mein Geist auf meine Lippen,
Soll er entfliehn? Soll er zurück?
Was ist dein Herrscherwille?

Gehst du vorbei, heb' auf den Saum
Vom Blute und vom Staube,
Denn viele deiner Opfer sind
Auf diesem Weg gefallen.

Verwaiset ist mein Herz, o gebt
Hievon den Freunden Kunde!
O Freunde! meine Seele ist
Mit Euern Seelen eines.

Was nützet die Enthaltsamkeit
Dem, der dein Auge sah?
Viel besser ists, die Nüchternheit
Dem Trunknen nicht verkaufen.

Mein träges Glück, das lange schlief,
Ist endlich aufgewachet,
Der Schimmer deines Angesichts
Hat ihm ins Aug' geblitzet.

Der Ostwind bring' mir einen Strauß
Vom Rosenbusch der Wangen,
Vielleicht wird mir dann sein Geruch
Vom Staube deines Gartens.

Ihr sollet leben, Euer Wunsch
Werd' stets erfüllt ihr Schenken!
Wiewohl mein Glas zu Eurer Zeit
Nicht einmal voll geworden.

Horcht auf! es betet nun Hafis.
Sagt Amen, denn er betet.
Herr! gib uns unser täglich Brot
Vom Zucker ihrer Lippen.

O Morgenwind zieh hin nach Jesd
Sag denen, die dort wohnen,
Der Kopf des, der nicht dankbar ist,
Sei Eurer Ballen Schlägel.

Zwar bin ich weit von Euch entfernt,
Doch ist mein Geist nicht ferne,
Ich bin der Diener Eures Schahs
Und Euer Loberedner.

Ich habe Mut, ich fleh bei Gott!
O höchster Schah der Schahe!
Ich küß die Erde deines Zelts
Wie das Gewölb des Himmels.

Schenk! erleucht' mit dem Licht des Weins den Becher,
Sänger singe; nun geht's nach unsern Wünschen.

Ich erblick im Pokal der Wangen Abglanz.
Wiss es, der du nichts weißt vom Glück des Trinkens.

Rausch und Trunkenheit ziemt dem Aug des Freundes;
Deshalb raubt mir der Rausch so Zaum als Zügel.

Dieser Schmächtigen Reiz gefällt solang nur,
Bis sich meine Zypress' mit Schwanken nahet.

Wessen Zunge die Lieb' beseelet, stirbt nicht.
Ewig bleibet mein Ruhm im Weltenbuche.

Ich befürchte, daß nicht am Jüngsten Tage
Priesterbrot und der Wein von gleichem Wert sei.

Ostwind, gehst du vorbei beim Rosenhaine,
Gib doch Kunde von mir dem treuen Freunde.

Du ätherische Flut, und du o Mondschiff,
Ihr verschwindet zugleich in seiner Großmut.

O mein Auge verstreu' das Korn der Tränen,
Daß sich fange im Netz der Wollust Vogel.

*

Meiner Hand ist das Herz
Entflohen ihr Herzenbesitzer!
Wehe! bei Gott! Weh mir!
Denn das Geheimnis ist weg!

Gestern tönte so schön
Von Wein und Rosen Aodi,
Bringet den Morgenwein,
O ihr Betrunkenen her!

Schau in das Glas! es ist
Der Spiegel des griechischen Königs,
Alle Pläne Daros wirst
Du erspähen darin.

Gnädiger Herr! aus schuldigem Dank
Für blühenden Wohlstand
Fraget doch eines Tags,
Wie es Derwischen ergeht.

Ruhe hienieden und dort
Verbürgen diese zwei Worte:
Liebreich begegne dem Freund,
Feinden begegne mit Gunst.

Mir ward Eintritt ins Land
Des guten Namens versaget.
Tadler, gefällt es dir nicht,
Änd're das ewige Los.

Dieser bittere Saft, dem Weisen
Die Mutter der Laster
Schmeckt viel lieblicher mir
Als ein jungfräulicher Kuß:

In unfreundlicher Zeit genieß,
Und freu dich des Rausches!
Dieser Alchimiker macht Bettler
Wie Karun beglückt.

Sträube dich nicht, sonst wirst du
Wie Kerzen in Gluten verflammen,
In der Geliebten Hand
Werden die Steine zu Wachs.

Persische Schönen verleihn
Mit ihren Worten das Leben,
Greisen und Frömmlingen gib
Schenke die Kunde davon!

Ach nicht mit Willen besudelt
Hafis die Kleider mit Weinfleck.
Frommer Lehrer verzeih!
O du verzeihest es ihm.

*

Die Gärten blühn im frischen Reiz der Jugend
Bulbul hört von der Rosen Freudenkunde.

O Morgenwind kömmst du zu jungen Wiesen,
Grüß mir Basilikon, Zypress' und Rose.

Wenn mich des Wirts Knabe süß liebkoset,
So weih' ich meine Wimpern ihm zur Bürste.

Du, der mit Ambraschlägeln Ballen spielest,
Schlag mich Geschlagenen nicht mehr zurücke.

Ich fürchte, jene, die der Trinker spotten,
Verlieren ihren Glauben selbst in Schenken.

Sei Männern Gottes Freund, es ist ein Stäubchen
Im Schiffe Noahs, dem die Flut nicht schadet.

Was brauchts Paläste die zum Himmel reichen
Für jenen der zuletzt im Staube schlummert?

O Kanaans Mond! dein ist der Thron Ägyptens,
Zeit ists den finstern Kerker zu verlassen.

Begehr' kein Brot, verlaß der Erde Gasthof!
Der Erde Wirt ermordet seine Gäste.

Ich weiß nicht was du willst mit deinen Locken:
Dein Moschushaar auf diese Art verwirrend.

Hafis trinkt Wein, betrinke dich, sei froh,
Mach nicht zuletzt zum Fallstrick den Koran.

*

Unser Scheich wallte gestern
Aus dem Bethaus in die Schenke.
O ihr frommen Männer saget,
Was ist uns forthin zu raten?

Wie doch können wir die Jünger
Das Gesicht zur Kaaba wenden,
Wenn der alte Vater Scheich
Selber in die Schenke gehet!

Ei so lasset mit dem Wirte
Uns gemeine Sache machen!
Denn so wars von Ewigkeiten
In das Schicksalsbuch geschrieben.

Sieh ein Windhauch in die Locken
Hat die Welt für mich verfinstert!
Dieses also ist der Nutzen
Den mir deine Locken bringen.

Ruhe hatte sich mein Herz
In dem Netze aufgefangen,
Sieh da rollten auf die Locken,
Und entflohen war die Beute.

Wüßte der Verstand, wie selig
Herzen in den Locken ruhen,
O! es würden die Verständ'gen
Unsrer Bande wegen närrisch.

Einen Vers vom Schönheitskoran
Hat mir dein Gesicht enthüllet.
Deshalb atmen meine Verse
Hohe Schönheit, reine Anmut.

Können meine Feuerseufzer
Und die Gluten meines Busens,
So die ganze Nacht durch brennen
Nicht dein steinern Herz bewegen!

Sieh Hafisens Seufzer-Pfeile
Sind zum Himmel aufgeflogen,
Haben Mitleid mit demselben,
Fürchte dich vor meinen Pfeilen.

*

Wer überbringet das Gesuch
Den Freunden des Sultanes?
Vom Bettler wende nicht den Blick
Für deine Herrschaft dankbar.

Ich flucht' vom Nebenbuhler, der
Des Teufels ist, ich flüchte
Zu meinem Gott, vielleicht daß Er
Durchs Feuer ihn verzehret.

Du steckst die ganze Welt in Brand,
Wenn deine Wangen leuchten,
Sag' an, was hast du denn davon,
Daß du nicht milder herrschest?

Geliebte, was für Formen sind
Dem Liebenden erschienen!
Welch ein Gesicht dem Monde gleich
Und Wuchs, gleich der Zypresse!

Ich hoffe ganze Nächte lang,
Daß mit dem Hauch des Morgens

Mir eine Kunde kommen wird
Von meinen trauten Freunden.

Wenn deine schwarzen Wimpern dir
Zum Blutvergießen winken,
So denke, daß sie Schelme sind,
Laß dich ja nicht verführen.

Es blutet längst mein armes Herz
Durch deine Zauberaugen.
O meine Teure blicke her,
Wie du mich hast ermordet!

Hafis! wenn jetzt im Trennungsstand
Dein Herz sich schon verblutet,
Was harret sein, wenn einst Genuß
Dasselbe soll beglücken.

*

Wo ist was Recht und gut ist, wo?
Wo ich Betrunkener, wo?
Ha! Welch ein Unterschied ist nicht
Im Weg von wo zu wo!

Wie reimet sich die Trunkenheit
Mit der Schamhaftigkeit?
Wo ist das Wort des Predigers,
Schalmei'ngetöne, wo?

Die Zelle und das Gleisnerkleid
Verließ schon längst mein Herz;
Wo ist der wackre alte Wirt
Und reiner Nektar, wo?

Ach! des Genusses Tag ist hin,
Gesegnet sei er mir!
Wo ist die süße Schmeichelei
Des Liebchens Zürnen, wo?

Ach! Was versteht vom Angesicht
Des Freunds, des Feindes Herz!
Wo ist ein ausgelöschtes Licht,
Und Sonnenschimmer, wo?

Weil deiner Türe Schwellenstaub
Des Auges Schminke wird,
So sage, wo ich bleiben soll
Vor dieser Türe, wo?

Betrachte nicht ihr Apfelkinn!
Im Wege liegt ein Brunn,
Wohin mit dieser Last mein Herz?
Wo wirst du halten, wo?

*

Gnädig bist du, wenn du
Nicht verwehrst dem armen Harut,
Daß er nach Verlangen
Schau ins Auge seinem Marut.

Von der Liebe Leiden –
Bin ich überhäuft wie Harut,
Wollte Gott, ich hätte
Nie gesehen meinen Marut!

In des Kinnes Grübchen
Wäre nicht gefallen Harut,
Hätte nicht entlehnt
Deiner Schönheit Schatten Marut.

Rosen blühn, ihr Peris
Kommet auf die Fluren Haruts,
Nachtigallen singen,
Trunken von dem Auge Maruts.

Qual und Leiden
Kostet mich die lange Trennung,

Zeig' dich gnädig, daß einst
Auch Hafis dein Antlitz sehe!

*

Es ist die Zeit des Festes, der Rosen,
O Schenke bring' Wein!
Wer setzte je zur Zeit der Rosen
Ein leeres Glas hinweg?

Durch die Enthaltsamkeit, durch's Fasten
Verengte sich mein Herz,
O Schenke, gib voll Wein den Becher,
Es tut sich wieder auf.

Den Frommen, welcher den Verliebten
Noch gestern Lehren gab,
Erblickte ich von aller Sitte
Entblößet und berauscht.

Benütz' in diesen Rosentagen
Froh die Gelegenheit,
Und bei den Schenken suche Wonne,
Bist anders du verliebt.

Die Rosen sind vorbeigegangen,
Was sitzt ihr träge da?
So ohne Lautenspiel und Leier,
So ohne Freund und Glas!

Weißt du, was bei dem Morgentrunke
So schön und lieblich scheint?
Der Widerschein der Schenkenwangen,
Der in den Becher fällt.

Die Sänger stimmen wohl die Saiten,
Wenn in des Prinzen Kreis
Er von Hafisens Hochgesängen
Etwas zu spielen denkt.

*

Da mich der Herr zum Trünke bestimmt hat,
Sag', Frommer, habe ich hievon die Schuld?

Wer feindet jenen an am Jüngsten Tage,
Der an dem Schöpfungstag ein Glas empfing?

O sag' dem Mönche mit dem Schalksgesicht,
Die Ärmel trägst du kurz, doch lang die Hand.

Du ziehst die Kutte an aus Gleisnerei,
Damit führst du die Diener Gottes irr'.

Ich dien' den Trunknen ohne Kopf und Fuß,
Für beide Welten geben sie kein Stroh.

Als in den Schenken mir mein Wille ward,
Da dünkte Schul' und Kloster mir gleich schwarz.

Jetzt bettle nicht an jedem Tor, Hafis,
Denn du gelangest nur durch Gott zum Ziel.

*

Fort ewiges Leben! ihr Genuß ist besser.
Verleih' ihn mir, o Gott! denn er ist besser.
Sie schlug mich mit dem Schwert, ich sagt' es keinem,
Denn vor dem Feind geheim zu sein, ist besser.

Mein Herz sei ewig in dem Gaue Bettier,
Denn jedes Glück, das ewig währt, ist besser.
Lad' in die Einsamkeit mich nicht, o Frommer,
Der Apfel dieses Kinns ist vieles besser.

Gebrandmarkt mit dem Mal des Sklavendienstes,
Für sie zu sterben ist vieles besser.
Das Blut des Safrans ist zwar schön und lieblich,
Der Staub von ihrem Fuß zermalmt, ist besser.

O fraget meinen Arzt um Gotteswillen,
Wann wird es dann mit diesen Schwachen besser?
O wende dich vom Greisenrat nicht ab.
Denn er ist mehr als Jünglingsgunst und besser.

Sie sprach einst bei der Nacht: wo sind die Perlen,
Die schöner sind, als mein Gehäng', und besser.
In meiner Freundin Munde sind die Perlen,
Doch ist Hafisens Wort um vieles besser.

*

Herr der Schönen! Recht und Hülf'
Wider Einsamkeit!
Ohne dich entflieht der Geist,
Zeit ist's, daß du kömmst.

Sehnsucht und Entfernung hat
Mich so ganz zerstört,
Daß Geduld aus meinem Sinn
Ganz entfliehen will.

Ohne Willen ist dein Gram
Für mich Arznei,
Und dein Angedenken spricht
Mir im Winkel zu.

In des Schicksals Kreise bin
Ich der Mittelpunkt,
Dir geziemt es, daß du denkst,
Daß du uns befiehlst.

Trunkne, welche selbstisch sind,
Gibts nicht auf der Welt,
Selbstsucht ist bei dieser Zunft
Ärgste Ketzerei.

Herr, wem soll ich in der Welt
Anvertrau'n das Wort,

Daß der Liebling jedermanns
Wangen mir gezeigt.

Über's Lockenhaar beklagt'
Ich mich bei dem Ost;
Weit gefehlt, sprach er zu mir,
Laß die Lust vergeh'n.

Ganz in Ketten tanzt der Ost,
Eingesperrt im Haar,
Dies ist's, merke dies mein Herz,
Lauf nicht Winden nach.

Ohne deine Wangen färbt
Sich die Rose nicht.
Buchs! nun wandle du einher
Zu des Gartens Zier.

Gartenrosen bleiben nicht
Immer neu und frisch.
Suche du die Schwachen auf
In der Zeit der Kraft.

Sieh! wie blutet mir das Herz,
Gib mir, gib mir Wein!
Schwierigkeiten lös' ich auf
Durch das blaue Glas.

Jetzt ist Trennungsnacht, Hafis,
Dann kommt Morgenduft,
Närrische, Verliebter, hör'
Lust bekomm' dir wohl.

*

Versetze ich mein Ordenskleid, so ist es besser,
Und senke ich das Buch in Wein, so ist es besser,

Als ich verschwendete die Lebenskräfte, sah ich,
In Schenkenwinkeln sei es wahrlich um viel besser.

All' die Geschäfte sind entfernet von Derwischen;
Die Brust voll Glut, das Aug' voll Tränen ist weit besser.

Ich will des Mönches Tun dem Volk nicht offenbaren,
Mit Lautenspiel es kund zu machen, ist weit besser.

Solang des Himmels Tun noch ohne Hand und Fuß ist,
So ist die Schenkenlieb' und reiner Wein viel besser.

Ein Liebchen, wie du bist, kann ich vom Sinn nicht bannen,
Und leid' ich Pein, so ist die Pein der Locken besser.

Du bist nun alt, Halls, geh' fort nun von der Schenke,
Im Jugendalter ist der Rausch, die Liebe besser.

*

Deine Schönheit, meine Liebe,
Beide sind vollkommen;
Sei getröstet, meine Seele,
Diese Schönheit stirbt nicht.

Ich begreife keineswegs,
Daß noch größre Schönheit,
Der Verstand in meinem Bilde,
Mir entwerfen könnte.

Bleibe ich bei dir, so scheinen
Mir die Jahre Tage.
Bin ich fern von dir, so scheinen
Mir Minuten Jahre.

Dann erst würde ich erlernen
Den Genuß des Lebens,

Wann nach meinem Wunsch mir einstens
Dein Genuß zu Teil wird.

O Geliebte, sag', wie kann ich
Seh'n dein Bild im Schlafe,
Da ich von dem Schlafe selber
Nur das Traumbild sehe.

Habe doch mit mir Erbarmen,
Denn ob deinen Wangen
Ist mein Leib so dumm geworden,
Wie der Mond im Neuschein.

Wünsch'st du den Genuß des Freunds,
O Hafis! so klag' nicht,
Denn du hast noch mehr zu leiden,
Als nur diese Trennung.

*

Es ziemt sich nicht, daß wider mich
Du einen Groll hast,
Du, der den langen Freundschaftsbund
Mit mir gemacht hast.

O hör' genau auf diesen Rath
Denn diese Perle
Ist besser als der Edelstein,
Den du im Schatz hast.

Um Gotteswillen komm' zu Hülf'
Dem Fleh'n der Trunknen,
Wenn du vom gestrigen Gelag'
Noch Wein im Kopf hast.

Wie kannst du wohl dem Trunkenen
Die Wangen zeigen,
Du der von Sonne und von Mond
Das Spiegelglas hast?

O Frommer, fürchtest du dich nicht
Vor meinem Feuer?
Vergaßest du, daß du ein Kleid
Von Wollenstoff hast?

Das schönste Lied, das ich je sah,
Gehört Hafisen,
Ich schwör' es beim Koran, den du
In deiner Brust hast.

*

Frühe ging ich in Garten hinaus, um Rosen zu pflücken,
Und der Nachtigall Laut tönte mir jählings in's Ohr.

Ach! die Arme, sie ist wie ich in Rosen verliebet,
Und mit klagendem Lied, weint sie im Hain, auf der Flur.

Eine Weile ging ich herum auf der Flur, in dem Garten,
Dachte der Rose viel, dachte der Nachtigall nach.

Rosen lieben die Dornen, und Nachtigallen die Liebe,
Jene wechseln nicht, und diese verändern sich nicht.

Als der Nachtigall Laut begann auf die Seele zu wirken,
Blieb mir weder Kraft, Mut, noch Vermögen zurück.

Freilich blühen der Rosen gar viel im Garten der Erde,
Aber wer sie pflückt, fühlet die Schmerzen des Dorns.

Hoffe, Hafis, nicht Bestand von diesem wechselnden Himmel,
Weil er keinen Wert, tausend Gebrechen nur hat.

*

Bringe Wein, erlöse mich
Von dem Kummer.
Nur mit Wein vertreibet man
Alle Sorgen.

Lampen in Gesellschaft gibt's
Keine andre,
Als den Wein und das Gesicht
Schöner Schenken.

Sei' nicht stolz auf Zauberei'n
Deiner Wimpern,
Denn es nützet nichts der Stolz,
Oft erfuhr ich's.

Lehrer, oft wohl riet'st du mir,
Nicht zu lieben,
Aber diese Lehre ist
Kein Gesetz mir.

Lieb' beseelet nur das Herz
Großer Männer.
Wenn du keine Liebe nährst,
Bist entschuldigt.

Einem Winke opfert' ich
Meine Tugend.
Ach dahin ist mein Verdienst
Guter Werke!

Des Genusses Glück ist da,
Fort die Trennung,
Und des Herzens Land ist nun
Wieder urbar.

Jedem kannst du nicht, Hafis,
Schmerzen klagen,

Klag' sie jenem, der erfuhr
Trennungsleiden.

*

Die Untreu' ist zum Modebrauch geworden,
Und niemand weiß von Freundschaft und von Treu';

Es nahen Würdige sich jetzt Nichtswerten,
Und strecken ihre Hand um Gaben aus.

Wer in der Welt heut tugendhaft und weis' ist,
Ist keinen Augenblick von Gram und Sorgen frei.

Im Überfluß hingegen lebt der Dumme,
Mit Ehren und mit Gold stets überhäuft,

Und singt ein Dichter fließend wie das Wasser
Gefühlvoll, sprechend zum Gemüt, zum Sinn,

So schenket ihm der Geiz doch keinen Heller,
Sang' er auch Sprüche Abusinas wert.

Zu dem Verstand sprach die Vernunft noch gestern:
Geh' fort, gedulde dich und klage nicht;

In der Zufriedenheit such' deinen Reichtum,
Und trinke Wein statt andrer Arznei.

Hafis! du folge diesem guten Rate,
Denn fällt dein Fuß, so hebt dein Kopf sich auf.

*

Du, welche was hienieden
Du immer wünschest, hast,
Ich weiß nicht, welchen Schmerzen
Du ob uns Armen hast.

Begehr' das Glas, und raube
Das Herz dem Sklaven weg,
Weil Freie zu beherrschen
Du keinen Anstand hast.

Du kennest keine Mitte,
Daher verwundr' ich mich,
Wie in der Schönen Mitte
Du stets das Mittel hast.

Es ist der Wangen Weiße,
Gemalt nach den Huris,
Indes du schwarze Zeilen
Auf Purpurblättern hast.

O trinke Wein, es gehet
Dir alles leicht von Hand,
Zumal im Augenblicke,
Wo du den Schwindel hast.

Hör' auf, mich auszuschelten,
Doch tränke stets mein Herz,
Tu' was dir nur beliebet,
Weil du die Vollmacht hast.

Vergiß die Nebenbuhler,
Sei heitern frohen Muts,
Denn leicht sind alle Dinge,
Wenn einen Freund du hast.

Wenn du zu dem Genüsse
Des Freundes einst gelangst,
So weiß'st du, daß du alles,
Was du nur wünschest, hast.

Hafis, nimm Ros' und Becher,
Nimm um die Mitte sie,
Weil auf des Gärtners Launen
Du nicht zu schauen hast.

Lanzetten hunderttausend
Gebrauch nach deiner Lust,
Wenn ob dem Blut des Kranken
Du einen Zweifel hast.

*

Dir sei die Seele geweiht,
Du bist der Seele Geliebter;
Dir sei der Kopf geweiht,
Oder er bleibe verwirrt!

Leicht vermag ich fürwahr
Nicht aufzusteh'n von der Türe!
Schwere Dinge gesehen'n nicht
Auf so leichte Manier.

Rohe haben nicht Kraft
Dem Schmetterling gleich zu verbrennen,
Zarten kommt es nicht zu,
Seelen aus Lieb' zu verstreu'n.

Ohne dich auf Ruh zu gedenken
Ist eides Beginnen,
Unverschämt mit dir können
Verirrte nur sein.

Was ich im Herzen verschloß,
Ward durch die Werber verraten,
Und verborgenes Wort
Bleibet mitnichten versteckt.

Pflanze den Stamm von deinem Wuchs
In die Quelle des Auges,
Daß auf immer frisch
Tränengewässert er sei.

Eines Tages gewahrt' ich
Mein Herz im Haare der Locken,

Sage, wie geht's, sprach ich,
Und wie befindest du dich?

Mußt du nicht, antwortet das Herz,
Mein Schicksal beneiden,
Fürstenrang und Los ist nicht
Den Bettlern beschert.

Dir geziemt's nicht, Hafis,
Mit uns das Gespräch zu beginnen,
Wache zu halten im Gau
Müsse genug sein für dich.

*

Gibt es einen bessern Ort,
Als den Schenkenwinkel,
Wenn man dorten mir als Greis
Einen Fleck gestattet?

Mein Verlangen soll ich's wohl
Dir verborgen halten!
Wein auf einen schönen Platz!
Eine Süßgeliebte!

Meine Stelle ist beim Wirt,
Meine frohe Heimat.
Durch sein Sinnen bleibe ich
Immer froher Sinnen.

Warum trinkst du denn beim Wirt,
Gibt's nicht meinesgleichen?
Solche Worte ziemen nur
Einem zarten Lüstling.

Du sei sittsam, denn es kann
Nicht ein jeder sprechen;
Solche Worte sprechen nur
Indiens Brahmanen.

O mein Abgott! Du allein
Füllest mein Gemüte,
Und vor keinem scheuet sich
Außer dir die Seele.

O Hafis! erbarme dich
Des zerschlagnen Herzen,
Denn es folgt auf heute gleich
Morgen auf dem Fuß nach.

*

Schenke betrunken vom Glase der Liebe
Reiche den Wein!
Fülle den Becher, denn traurig ist ohne
Wein das Gelag.

Sieh'! wie der Mond sind die Wangen des Liebsten
Schleier verhüllt;
Spiele mir Sänger eins auf, und du Schenke
Reiche den Wein!

In der Erwartung von deinem Gesichte
Schwindet der Tag,
Und die Gebilde des Traums sind von deinem
Hochgenuß voll.

Ach! ich bin trunken von jenen zwei Augen,
Wo ist das Glas?
Ach! und ich kränkle ob jenen Rubinen,
Wo ist der Schlaf?

Lege den Ring des gebogenen Körpers
Dir um den Hals,
Keine Erlösung sonst seh' ich von diesem
Bitteren Schmerz.

Sag' mir, Hafis, wie du magst dem Geliebten
Weihen das Herz.

Ward je ein Durst'ger in Wüsten vom Schein des
Wassers gelabt.

Tausend Mühe gab ich mir,
Daß du meine Freundin seist,
Daß du nach dem Wunsch
Des verstörten Herzens seist.

Daß du einen Augenblick
Zum Betrübten Herzen kommst,
Daß du nur auf eine Nacht
Meines Herzens Trauter seist.

Daß die Lampe meines Aug's
Vor dir angezündet sei,
Daß dem hoffenden Gemüt
Du Gefährt' und Leiter sei'st.

Daß wo Schöne auf der Flur
Greifen um der Freundin Hand,
(Lieget es in deiner Hand)
Du mir Augenweide sei'st.

Mager, wie ich bin, ich fang'
Ganz gewiß den Sonnenhirsch,
Daß den jungen Hirschen gleich
Du von mir erjaget sei'st.

Wenn ein Kaiser voller Huld
Sich herabläßt zu dem Knecht,
Ist es sicher, daß indes
Du mein Herr und Kaiser sei'st.

Wenn ich einen Ballen mach'
Aus des Herzens Blutrubin,
Will ich, daß du mir hierob
Tief und treu verschwiegen sei'st.

Wenn die Küsse, welche mir
Deine Lippen schuldig sind,
Du nicht zahlest, weißt du wohl,
Daß du dann mein Schuldner sei'st.

Keine Mittel find' ich auf,
Meinen Wunsch erfüllt zu seh'n,
Daß du nur durch eine Nacht
Meiner Tränen Zeuge sei'st.

Hochberühmet wie Hafis
Wäg' ich nicht erst Körner ab,
Daß aus eignem Antrieb du
Freund und Herzgeliebter sei'st.

*

Tausende Feinde mögen mir den Untergang drohen,
Bist nur du mein Freund, furcht' ich der Feinde nicht.

Mich erhält beim Leben, Hoffnung deines Genusses,
Hundertfachen Tod furcht' ich von deiner Flucht.

Bringt der Wind von Hauch zu Hauche deinen Geruch nicht,
So zerspring' ich wie Rosen von Zeit zu Zeit.

Läßt dein Bild wohl Schlaf in meine Augen? Beileibe!
Bin ich fern von dir ruhig? Bewahre Gott!

Besser ist ein Schlag von dir als Pflaster von andern,
Und ich zieh' dein Gift anderer Theriak vor.

Mord mit deinem Schwerte ist mir ewiges Leben,
Meine Seel' ist gut dir sie zu opfern,

Lenk' nicht ab den Zügel, schlage mich mit dem Schwerte,
Denn ich zieh' die Hand nimmer vom Bügel ab.

Wo sah' je das Auge eine Schönheit, wie du bist,
Jeder schaut nach Maß seines Vermögens dich.

Damals wird Hafis von allem Volke geehret,
Wenn er sein Gesicht wälzet in deinem Staub.

*

Solang dein Schatten auf den Kopf mir fällt,
Bin ich der Diener, bin ich der Sklav' des Glücks.

Schon manche Jahre sah' ich nicht das Glück,
Mit deinem Hochgenuß kam es zu mir.

Kein Mensch wird auf der Welt mich wachend sehn,
Wenn mir gewiß dein Bild im Traum' erscheint.

Unendlich lang' leb' ich mit deinem Schmerz,
Doch ohne Dich nicht einen Augenblick.

Kein Arzt hat Mittel wider meinen Gram,
Ich bin nur durch den Freund gesund und krank.

Du sprachst, verweile nicht in meinem Gau,
Ich gehe deinetwegen nicht vorbei.

Ein jeder dient dem Schah und dem Wesir.
Der Kleinste von des Sultans Sklaven ist Hafis.

*

Steh' auf, wir wollen das Ordenskleid
Zur Schenke tragen.
Wir wollen heiliges Gaukelspiel
Zu Markte tragen.

Die Ohren habe ich mir verstopft
Vor aller Predigt,

Wie lang' ihr Prediger wollt ihr noch
Die Schande tragen?

Daß alle Frommen das Glas zugleich
Zum Trunk ergreifen,
Laßt uns die Leiern in der Früh
Zum Wirte tragen.

Zum Zehrungsgeld für Betrunkene,
Für Kalendere,
Laßt uns zum Käufer das Ordenskleid,
Den Teppich tragen!

Und werden Dornen von Frommen uns
In Weg geleget,
Belohnen wollen mit Rosen wir
Solch ein Betragen.

Vor unserem wollenen Kleide selbst
Ist's eine Schande,
Wenn wir mit ähnlichem Sinn den Ruhm
Der Tugend tragen.

Wer nicht den Wert der Zeit erkennt,
Sie nicht benützet,
Wird über ihre Verwendung einst
Viel Reue tragen.

Vom hohen Dache des Himmels stürzt
Das Unglück nieder,
Wir wollen sicherheitshalb sogleich
Zur Schenk' uns tragen.

Wie lange werden wir in dem Feld
Der Lust noch irren,
Vielleicht gelingt es mit Fragen, uns
Davon zu tragen.

Vermög' des Bundes, den ich mit dir
In Ruh' geschlossen,
Werd' ich wie Moses in's heil'ge Land
Einst übertragen.

Ich will die Pauke von deinem Ruhm
Im Himmel schlagen,
Ich will der Liebe Panier bis an
Die Sterne tragen.

Im Felde des Jüngsten Gerichts wird einst
Der Staub der Füße
Auf allen Scheiteln als Kronenzier
Und Schmuck getragen.

Hafis! verschwende nicht Wangenglanz
An allen Türen,
Viel besser ist's zum Herren der Rat
Ihn hinzutragen.

*

Mein Augenlicht! ich sage dir ein Wörtchen,
Solang der Becher voll ist, trink' und tränke,
Höre mich an!

Die Alten sprechen nur aus der Erfahrung,
O Knabe, spiele du mir nicht den Alten;
Höre den Rat.

Es fesselt nicht der Weisen Hand die Liebe,
Verlanget dich im Haar des Freunds zu wühlen,
Laß die Vernunft.

Die Kutte gibt nicht den Geschmack des Rausches,
Du such' den Mut zu solcher Unternehmung
Nur in dem Wein.

Du spare weder Zeit noch Blut für Freunde,
Du opfre hundert Seelen auch für einen
Einzigen Trunk.

Es gibt Versuchungen im Weg der Liebe,
Gib acht! und leih' das Herzensohr dem
Himmlischen Geist.

Die Frucht verschwand, verloren ist die Freude;
O Laute wein', und du, o Trommel, trommle
Immerfort zu!

Nie sei dein Becher leer von Wein, o Schenke,
Nur armen Hefetrinkern schenke einen
Einzigen Blick.

Gehst du vorbei im goldnen Kleid und trunken,
Gib dem Hafis in Woll gekleidet einen
Einzigen Kuß.

*

Ich bin durch Liebeleien
Zum Stadtgespräch geworden,
Ich bins, der nie sein Auge
Mit bösem Seh'n befleckt hat.

Wir sind getreu und traurig,
Und sind dann wieder fröhlich.
Dem Nächsten Böses tun,
Erkennen wir als Sünde.

Ich sagte zu dem Wirte,
Wo ist der Weg des Heiles?
Er nahm ein Glas, und sagte:
Geheimnisse bewahre!

Was ist wohl unsre Absicht,
Wenn wir die Welt betrachten?

Wir sammeln Wangenrosen
Durch unsre Augenäpfel.

Ich Weinverehrer habe
Mein Bild in Naß gemalet,
Damit die Eigenliebe
Um so viel eh' zerfließe.

Ich baue und vertraue
Auf deiner Locken Milde,
Wenn diese mich nicht heben,
Was nützet mein Bemühen?

Von ihren Flaumen lerne
Die schönen Wangen lieben,
Denn schön ist es, die Wangen
Der Schönen zu umkreisen.

Ich möchte meinen Zügel
Von hier zur Schenke lenken,
Denn Pred'ger ohne Beispiel
Ziemt sich nicht anzuhören.

Du küß' der Schönen Lippen,
Du küß' das Glas Hafisens,
Denn Sünde ist's, die Hände
Der Heuchelnden zu küssen.

*

Der Phönix meines Herzens hat
Sein Nest im letzten Himmel,
Im Körperkäfig eingesperrt,
Ist er längst satt des Lebens.

Der Seele Phönix fliegt er einst
Empor vom Aschenhaufen,
So nistet er sich wieder ein
In jenem hohen Neste.

Fliegt er empor, so sitzt er auf
Am Baum des Paradieses,
Drum wiss', es ist mein Aufenthalt
Hoch auf des Himmels Zinnen.

Und spreizet über diese Welt
Die Flügel aus mein Phönix,
So ruhet auf der ganzen Welt
Des guten Glückes Schatten.

In beiden Welten wohnet er
Hoch über allen Himmeln,
Sein Körper ist von Ätherstoff,
Doch nirgends wohnt die Seele.

Der Plan der höhern Welten ist
Der Spielort meines Phönix,
Des Paradieses Rosenbeet
Gewährt ihm Trank und Speise.

Verlorener Halls, solang
Du Gottes Einheit predigst,
Schreib' Einheit hin auf jedes Blatt
Der Menschen und Genien.

*

Steh' auf! gieße mir fröhliches Naß
In den goldenen Becher
Ehe dein Schädel zum Staube
Den Staub gießt.

Unsere Wohnung zuletzt ist
Die schweigende Wohnung der Gräber,
Jetzt erhebe den Jubel
Zum Himmel,

Augen mit trübem Blick sind ferne
Vom Antlitz des Freundes,

Schau' ihn an mit
Der Reinheit des Spiegels.

Ich beschwöre dich, Wuchs der Zypresse
Beim grünenden Wipfel,
Bin ich Staub,
Beschatte mein Grabmal.

Meinen Lippen vom Pfeil
Der Schlangenlocken verwundet,
Leg Theriak aus
Dem heilenden Mund auf.

Alle Saaten der Erde vergehen,
Das weißt du seit langem.
Zünde die Welt mit
Dem Feuer des Weins an.

Tränen reinigen uns,
Indem die Lehrer uns sagen:
Sei erst rein,
Dann schaue den Reinen.

Herr! der selbstische Mönch,
Er, welcher Gebrechen nur schauet,
Werde blind von
Dem Rauche der Seufzer.

Wie die Rose Hafis!
Zerreiß die Kleider vor ihrem
Wohlgeruch, und verstreu' sie
Vor ihr hin.

Bei dem Geiste des Herrn,
Beim alten Recht, und dem Bündnis
Schwör' ich, es bleibet dein Heil'
Immer mein Morgengebet.

Meine Tränen ergießen sich zwar
Wie vor Noah die Sündflut,
Aber des Busens Bild
Waschen sie nimmer hinweg.

Kauf mein zerschlagenes Herz,
In tausend Stücke zerbrochen,
Ist es so viel als sonst tausend
Der anderen wert.

Schelte mich nicht der Trunkenheit,
Der Geleitsmann der Liebe
Hat mich seit Anbeginn
Selber zum Rausche gebracht.

Sei gerad, dann ersteiget
Die Sonne hell dem Gemüte,
Während die Dämmerung trügt,
Zeigt sie sich finster und schwarz.

Nicht verwirf, o mein Herz,
Die Hoffnung der Gnade des Freundes.
Hast du mit Liebe geprahlt,
Tue Verzicht auf den Kopf.

Wahnsinn jagt mich um dich
Hinaus in Wüsten und Berge,
Meiner Ketten Last, ach
Die erleichterst du nicht!

Ausgeschmält hat die Ameis Assafen,
Und wahrlich mit Rechte,
Daß er verloren den Ring,
Daß er ihn nimmer gesucht,

Gräme dich nicht Hafis!
Und hoffe von Schönen auf Treue,
Ist es des Ackers Schuld,
Wenn das Getreide nicht wächst?

*

Die Zelte meiner Augen
Sind deinem Aufenthalt geweiht,
O komm herab, sei gnädig,
Denn meine Wohnung ist dein Haus.

Des Mals, der Flaumen Anmut
Hat Weisen selbst das Herz geraubt.
O sonderbare Weise,
Sie dienen dir statt Netz und Korn.

In dem Genuß der Rose
Erfreue dich o Nachtigall!
Denn mit verliebten Klagen
Erfüllest du allein die Flur.

Die Heilung meines Herzens
Sei deinen Lippen heimgestellt,
Die Kräfte des Rubines
Sind deinem Schatze anvertraut.

Zwar bin ich nicht im Stande
Dir körperlich zu nah'n,
Doch bleibet meine Seele
Der Staub der Schwelle deines Tors.

Ich spende nicht an jedes
Verliebtes auch mein Seelengold,
Dein Siegel und dein Zeichen
Sind meinem Schatze aufgedrückt.

Mein holder süßer Ritter,
Woher nahmst du die seltne Kunst,
Daß du den Gaul des Himmels,
Nach Wunsch mit deiner Geißel zähmst?

Wie soll denn ich Verliebter
Den tausend Künsten widerstehn,

Den Gaukelei'n, mit welchen
Du selbst den Himmel irre führst.

Es tanzen selbst die Sphären
Im lichten Harmonienkreis
Indem hiezu die Weise
Das süße Lied Hafisens spielt.

*

Mein Kopf und Willen fügen sich
Zur Schwelle meine Freundin,
Was über meinen Kopf ergeht,
Ergeht nach ihrem Willen.

Ich schaute ihresgleichen nicht,
Wiewohl dem Mond der Sonne,
Den Spiegel ich entgegenhielt
Bloß des Vergleiches willen.

Was kann der Ostwind von der Qual
Des armen Herzens sagen?
Es ist verwickelt Blatt in Blatt
Wie eine Rosenknospe.

In dieser trunknen bösen Welt,
Sind außer mir noch Trunkne;
Gar viele Köpfe sind allhier
Geformt aus Ton der Kanne;

Vielleicht hast du mit einem Kamm
Dein Ambrahaar durchfahren,
Weil Moschusduft im Ostwind haucht
Und Ambra aus der Erde.

Ein jedes Rosenblatt der Flur
Sei deiner Wangen Streue,
Und die Zypressen an dem Fluß
Ein Opfer deines Wuchses!

Die Sprach und Redekunst verstummet,
Soll sie die Sehnsucht schildern,
Wie könnte das, der Feder Rohr,
Das schwätzende, gespaltne!

Dein Angesicht kam in mein Herz,
Nun wird mein Wunsch erfüllet,
Denn gute Dinge folgen stets
Auf gute Vorbedeutung.

Es fiel Hafisens Herz nicht jetzt
Ins Feuer der Begierde,
Von ewig her ist dein Gesicht
Gebrannt wie eine Tulpe.

*

Die Wunderkraft, von der ein Frommer spricht:
Dies ist die Nacht der Sterne,
Welcher o Herr! hat sie gebracht!

Wie soll in dieser leichten Reiterschar
Mit Salomo ich reiten,
Ich, dem zum Gaul die Ameis dient.

Damit die Unverdienten nicht dein Haar
Berühren, schrei'n die Herzen.
Jeglichen Rings o Herr! o Herr!

Ich bin entseelt vom Grübchen deines Kinns;
Denn tausend Herzen liegen
Unter dem Reife deines Kinnes.

Den Spiegel meines Ritters hält der Mond,
Die Sonne ist des Hufes
Staub nur von seinem Schlachtenroß.

Den Widerschein der Wangen schau doch an,
Die Sonne zittert bloß aus
Sehnsucht nach diesem Widerschein.

Ich will vom Glas und vom Rubin des Freund's
Nicht lassen. Frommer! halt' dies
Glaubensbekenntnis mir zu gut.

Wo trinkt der Rabe meines Kiels?
Bei Gott! aus seinem Schnabel
Träufet des Lebens Quell hervor.

Er, der mit seiner Wimpern Pfeil'
Verwundet, gibt Hafisen
Lächelnden Mundes Seelenkraft.

*

Fordre ja nicht von mir Trunknem
Pflichterfüllung, gute Werke,

Denn am Tage der Bestimmung
Ward zum Becher ich bestimmet.

Seit ich an dem Quell der Liebe
Mich nach Brauch gewaschen habe,
Hab' ich ja mit einem Worte
Allem übrigen entsaget.

Gib mir Wein, daß vom Geheimnis
Meines Loses ich dir sage,
Welches Angesicht ich liebe,
Welcher Duft mich trunken machte.

Berge trugen diese Lasten
Nicht so sicher wie die Ameis.
Trinker, du verzweifle niemals
An der Pforte der Erbarmung.

Außer dem Narzissenauge
(Gott bewahr's vor bösen Augen)
Hat im blauen Himmelskreise
Alles seine Ruh verloren.

Willig werde meine Seele
Deinem Munde hingeopfert,
In der Garten schöner Ansicht
Blühet keine schönre Knospe.

Deine Liebe hat Hafisen
Salomonen gleich gemacht,
Denn es bleibt ihm vom Genüsse
Nichts als Wind in leeren Händen.

*

Gut ist was auf dem Pfad des Gemüts
Vor Betrachtenden herzieht,
Auf geradem Weg' hat sich
Noch keiner verirrt.

Wunderlich ist das Spiel,
Wir wollen den Bauer nur ziehen,
Denn auf diesem Feld
Zieht der Betrunk'ne nicht Schah.

Kennt ihr das hohe Gewölb
Mit vielen seltnen Gemälden?
Noch hat auf der Welt
Keiner das Rätsel gelöst.

Freilich begreifet mich nicht
Der außen frömmelnde Klausner;
Ihm verarge ich nichts,
Was er auch über mich sagt.

Was für Ergebung o Herr,
Und Dulden vergleicht sich mit meinem?

Sieh mir blutet das Herz,
Und es entflieht mir kein Ach!

Unser Wesir fehlt wider den Stil,
Und die Formen des Diwans
Denn die Formel durch Gott
Fehlet auf seinem Ferman.

Komme wer will, und jeglicher
Sprech' nach seinem Belieben,
Freundlich und liebreich sind
Pförtner und Hüter des Tors.

Steht es nicht recht,
So ist an meinem Wüchse der Fehler;
Denn es ist dein Kleid
Keinem der andern zu kurz.

In die Schenke geht ein
Ihr Reinen von Herzen und Geiste,
Prahler und Gleisner gehört nicht
Auf der Trunkenen Weg.

Dienen will ich dem Herrn
Der mir beständig gewogen,
Nicht wie der Klausner und Scheich,
Bald mir gewogen, bald nicht.

Ehrenstellen verschmäht
Hafis aus höherem Sinne:
Gold und Ehre reizt
liebende Herzen nicht viel.

*

O Morgenwind gehst du vorbei
Beim Aufenthalt der Freundin,
Bring einen Hauch vom Wohlgeruch
Des Ambrahaars der Freundin.

Bei ihrer Seel'! ich will aus Dank
Die meinige verstreuen,
Wenn du zu mir die Kunde bringst
Vom Busenschnee der Freundin.

Ich bin ein Bettler! – Ihr Genuß!
O wehe der Verwirrung!
Vielleicht kann ich im Traume sehn
Das schöne Bild der Freundin.

Es zittert auf mein hohes Herz
Wie Weiden leicht beweglich,
Aus Sehnsucht nach dem hohen Wuchs
Der Pinie der Freundin.

Wiewohl die Freundin mich für nichts
Erkaufet hat zum Sklaven,
So geb ich doch um eine Welt
Kein Haar vom Kopf der Freundin.

Was nützt es wohl, wenn auch das Herz
Hafisens frei vom Gram ist,
Er bleibet doch der treue Knecht,
Er bleibt der Sklav der Freundin.

*

Bedarf mein Garten wohl
Der Pinien, Zypressen?
Wem weicht der Buchs des Freundes
Genährt in meinem Schatten.

Bei deinem Haupt! o Knabe sag',
Wes Glaubens bist du,
Daß unser Blut dir mehr
Als Muttermilch gedeiht!

Siehst du von weitem nur
Das Bild des Grames, trinke!

Der Wunden Tiefe prüften wir,
Es hilft dies Mittel.

Warum soll ich mich
Von der Tür des Wirts entfernen?
Hier wohnt das Glück,
Hier werden aufgetan die Wünsche.

Zerbrochne Herzen kaufet
Man auf unsrem Wege,
Es wird der Handel hier
Auf andre Art getrieben.

Genuß versprach er mir,
Noch gestern bei dem Weine;
Was sagt er heut, was lieget ihm
Denn wieder in dem Kopfe?

Einförmig ist der Liebe Gram
Und seltsam ist er!
Ich hörte keinen,
Der sich wiederholet hätte.

O komm, es sehnet sich
Nach dir das Hoffnungsauge,
Wie's Ohr der Fastenden
Nach dem *Allah akbar*.

Schmäh nicht Shiraz und seinen Bach
Und seine Dichter,
Es ist und bleibt der Glanz
Der sieben Erdengürtel.

Wie weit steht Chisers Quell'
Nicht hinter Rocknas Wasser!
Er quillt in finstrer Nacht,
Und dies vom Hügel Gottes.

Nie will ich der Zufriedenheit
Und Ruh' entsagen.
Zum Fürsten sprich: die Nahrung
Ist vorausbestimmet.

Was für ein seltenes Rohr
Hafts ist deine Feder!
Sie traget Früchte süß
Wie Honig und wie Zucker.

*

Der Garten Edens ist die Zelle der Derwische.
Es quillt ein Ehrenquell im Dienste der Derwische.

Der Schatz der Einsamkeit mit feinem Talisman
Wird nur gehoben durch die Blicke der Derwische.

Die Sonne legt die Krone ihres Stolzes nieder,
Vor jenem Scheine, der umstrahlet die Derwische.

Des Himmels herrlichster Palast mit seinem Hüter
Ist nur ein Schatten von den Fluren der Derwische.

Der Stein der Weisen, der durch Glanz des Herzens Eisen
In Gold verkehrt, liegt in dem Umgang der Derwische.

Das Heer des Unrechts ist von Pol zu Pol gelagert,
Allein des Siegs Gelegenheit ist für Derwische.

Suchst du die Herrschaft, die kein Untergang bedrohet,
Hör's ohne Groll, dies ist die Herrschaft der Derwische.

Chosroen sind der Nöten und der Bitten Kibla,
Warum? Sie selber sind die Diener der Derwische.

O Reicher prahle nicht mit deinem Glanz und Stolze;
Denn Gold und Silber ist ein Segen der Derwische.

Der Schatz Karuns, er ging zu Grund im Grimme Gottes,
Wie die Geschichten sagen, aus Mißgunst der Derwische.

Des Wunsches Angesicht, um das die Schönen flehen,
Erscheint im Spiegel vor dem Antlitz der Derwische.

Ich bin der Knecht des Blicks, des Großwesirs der Zeiten,
Es hat der Schahe Art, die Sitte der Derwische.
Hafis! Verlangest du des ewigen Lebens Wasser?
Es quillt im Pforten Staub der Zelle der Derwische.

Hafis hier sei bescheiden, denn des Reiches Herrschaft
Hängt ab vom Dienst, den du verrichtest für Derwische.

*

Ins Kloster kam mein Freund, das volle Glas in Händen,
Von Wein, die anderen von seinen Augen trunken.

Der neue Mond erglänzt am Hufe seines Pferdes,
Die Pinien sind klein, verglichen seinem Wüchse.

Mir nicht bewußt, wie kann ich sagen, daß ichs bin,
Und daß ich ihn nicht schau', wenn ich ihn stets anschaue?

Des Kreises Licht erlöscht, so bald er geht von hinnen,
Und wenn er kommt, verstummen die Beschwörenden.

Der Moschus riecht von der Berührung seines Haares,
Die Braunenschminke krümmt sich nach den schönen Augen.

O komm' zurück, dann kommt Hausens Jugend wieder,
Wiewohl der Pfeil nicht wiederkehrt zum Bogen.

*

Geh zu deinem Geschäft,
O Prediger, lasse das Lärmen,
Mein verirrtes Herz,
Sage, was geht es dich an!

Jene Mitte des Leibs, die Gott
Aus nichts hat erschaffen,
Ist ein kitzlicher Punkt,
Keinem zu lösen verliehn.

Nicht *acht* Himmel bedürfen
In deinem Dorfe die Bettler.
Sklaven deines Haars,
Sind die Gefreiten der Welt.

Zwar durch den Rausch der Liebe
Bin ich schon gänzlich zerstöret,
Aber mein Dasein blüht
Aus der Zerstörung hervor.

Jammre nicht Herz, und klage nicht
Über die Härte der Freundin,
Was sie dir zuerkannt,
Alles ist billig und recht.

Bis ich nicht meinen Wunsch
An ihren Lippen erreiche,
Ist der Rat der Welt
Meinem Gehör wie Wind.

Gehe Hafis, und lies nicht
Zauberformeln und Wünsche,

Ähnliche Zauberein kennt
Zur Genüge mein Herz.

Ein Rubin, der nach Blute dürstet,
Sind die Lippen des Freundes,
Sie beschaun und die Seele opfern,
Ist mein Geschäft.

Wer geseh'n, wie der Freund die Herzen
Raubt, und mich dann noch schmähet,
Schäm' sich hoch vor den Augen, vor den
Wimpern des Freunds.

Leite Führer des Wegs! mich nicht zu
Diesem Tore hinaus,
Meines Geliebten Wohnort
Liegt an dem Wege.

Ich bin meiner Bestimmung Sklave,
In der Teurung der Treu'
Zog mich jenes betrunknen Sklaven
Liebe zu sich.

Die Gewürze der Rose und ihr
Ambra hauchender Kelch
Sind von meinem Gewürzkrämer
Nur ein Geruch.

Gärtner wehre mir nicht, den Eintritt
In den Hain, wo dem Ost
Seine Rosen entblühen durch Tränen
Wie mein Granat.

Rosenwasser und Kandel bei des
Freundes Lippen hat mir
Angeschafft die Narzisse als des
Siechenden Arzt.

Wißt, Hafis hat des Liedes Feinheit
Und den Wohllaut gelernt
Von dem lieblichen, süße Rede
Kosendem Freund.

*

Ich bins, der die Schenk' ins Kloster verkehrt,
Worte des Wirts sind die Morgensegen.

Tönt die Laute keinem Morgengesang,
Ärgre dich nicht, mein Gesang ist Reue.

In Moscheen und Schenken ist dein Genuß
Meine Begier; Gott ist Zeuge dessen!

Lieber will ich sein dein Bettler als Fürst,
Daß du mich quälest, ist mir Ruhm und Ehre.

Auf der Sonne wohn' ich, seit mein Gesicht
Unter der Tür' meiner Freundin lieget,

Es zerstör' der Tod mein Lebensgezelt.
Aber ich flieh' nicht vom Tor' des Glückes.

Ist die Sünde gleich nicht unsere Wahl,
Sage Hafis: Sünde dennoch ist es.

*

Gott hat deiner Augenbrauen
Schöne Formen gebunden,
Er hat meines Lebens Freude
An dein Lächeln gebunden.

Er hat mich und die Zypresse
In die Erde gesenket,
Seit er den Narzissenstiel nach
Deinem Wüchse gebunden.

Hundert Herzensrosen werden
Durch den Ostwind eröffnet,
Die durch Sehnsucht verbunden.

Deine Banden trag' ich, und der
Himmel ist es zufrieden,
Doch umsonst! der Faden ist an
Deinen Willen gebunden.

O zerdrück' mein armes Herz nicht,
Wie den Beutel des Moschus,
Denn es ist mit deinen Locken
Kraft Verträgen verbunden.

Ach du schenkest auch andern Leben,
Zarter Hauch des Genusses,
Sieh den Irrtum, sieh ich glaubte
Mich an Treue gebunden.

Deiner Strenge müde sprach ich:
Aus der Stadt will ich fliehen,
Flieh Hafis, so sprachst du lächelnd,
Flieh, dein Fuß ist gebunden.

*

Heutigen Tags, wenn einen treuen Freund du wünschest,
Nimm den Becher voll Wein und das Schiff des Liedes.

Geh' du allein, denn einzig ist der Paß der Rettung,
Nimm das Glas, denn es ersetzt nichts den Wert des Lebens.

Tätigkeit fehlt mir nicht, ich klag' nicht ihren Mangel,
Mancher Weise besitzt Kenntnis ohne Werke.

Schau' mit Vernunft auf diesen lärmenvollen Durchgang
Alle Größe der Welt wird dir eitel scheinen.

Auf den Genuß der Wangen hofft' ich einst unendlich,
Doch es schneidet der Tod ab des Lebens Börse.

Greif um das Haar des Monds, und laß das Sternendeuten,
Von dem Neumonde Glück, vom Saturnus Unglück.

Unser Hafis kann nüchtern nie gefunden werden,
Denn betrunken ist er kraft des ewigen Loses.

*

Wenn du mir freundlich winkst,
Nehm' ichs für große Gnade,
Wenn du mich kräftig schiltst,
Bin ich deshalb nicht böse.

Unmöglich kann ein Blatt
Nach Würden dich beschreiben,
Weil du erhaben bist
Weit über alle Schildrung.

Das Aug' der Liebe kann
Des Liebchens Antlitz sehen,
Das Bild der Schönen schwebt
Von einem Kaf zum andern.

Lies einen Vers vom Buch
Des Angesichts des Liebchens,
Er hellt und kläret auf,
Der dunkeln Stellen Zweifel.

Du steinern Herz, für mich
So spröde wie Zypressen

O wie viel Augen sind
Rundum nach dir gerichtet.

Dir ward das Paradies,
Du hast nicht deinesgleichen,
Jenseits des Grabes muß
Man deinesgleichen suchen.

Der Gegner, der im Lied
Sich mit Hafisen misset,
Ist wohl der Schwalbe gleich,
Die sich mit Adlern misset.

*

Schöner's als Gartengespräch
Und Frühlings Vergnügen, was ists?
Wo ist der Schenke,
Warum zaudert er, sage was ists?

Jede fröhliche Zeit,
Die dir sich biete, ergreife,
Keiner erfuhr das Geschäft,
Und an dem Ende, was ists?

Siehe das Leben,
Es hängt an einem einzigen Haare,
Friß den eignen Verdruß,
Frage nicht weiter: was ists?

Fromme und Trunkene
Sind die Kinder des nämlichen Stammes,
Wem ergab ich mein Herz?
Was ist zu wählen? Was ists?

Wie erkennet die Welt,
Was in dem Innern versteckt liegt?
Gegner, was streitest du wohl
Mit dem Verborgnen? Was ists?

Wird auf des Dieners
Versehn nicht einige Rücksicht genommen?
Was ist Erbarmung alsdann?
Was ist Verzeihung? Was ists?

Fromme begehren den Quell *Keweser*,
Ich begehre des Weines,
Zwischen beider Wunsch,
Was ist dazwischen, was ists?

*

Du frommer Mann, verlästre nicht die Trinker,
Man schreibt die fremden Sünden nicht auf dich.

Ich sei nun böse oder gut. Sei ruhig,
Ein jeder erntet ein, was er gesät.

Auf Gottes Gnade laß mich nicht verzweifeln,
Was weißt du, wer verdammt, wer selig wird?

Es liebt den Freund, der Nüchterne und Trunkne,
Moscheen und Kirchen sind der Liebe Haus.

Nicht ich allein fiel aus der Reinheits Zelle,
Mein Vater schon verlor das Paradies.

Den Kopf hab' ich der Schenke übergeben,
Versteht's der Neider nicht, sag': neig' den Kopf.

Schön ist das Paradies! Doch du genieße
Der Weide Schatten, und den Rain der Flur.

Verlaß dich nicht auf fromme Taten, weißt du,
Was dir des Buches Feder einstens schrieb.

Am Todestag Hafis! Das Glas zum Munde
Dann fahrest du vom Mund zum Himmel auf.

Ist deine Neigung dies, o schöne Neigung!
Ist dieses dein Gebrauch, o guter Brauch!

*

Aufs Paradies o Klausner laß
Verzicht uns tun,
Wir sind von Anfang her dazu
Nicht eingeschrieben.

Wer Gott zu lieb auf dieser Welt
Kein Körnlein pflanzet,
Der wird mit keinem Körnlein auch
Des Daseins froh.

Dir ziemt Moschee und Rosenkranz,
Gebet und Tugend,
Und mir die Schenk' und Glockenton
Und Kirch und Kloster.

Du frommer Mann, o halte mich
Nicht ab vom Weine,
Es ward mein Staub am Schöpfungstag
Mit Wein geknetet.

Der ist kein Weiser, der verdien't'
Nicht Himmels freuden,
Wer in der Schenke nie sein Kleid
Für Wein verpfändet.

Wer seines Freundes Kleidersaum
Entschlüpfen lasset,
Wird Edenslust und Engelskuß
Nie recht genießen.

Hafts, wenn Gottes Gnade dich
Mit Gunst bezeichnet,
Scheu du die Hölle nicht, du bist
Des Himmels sicher.

*

Der Weise hat im Glanz des Weins
Verborgenes erkannt,
Denn es wird jedermanns Natur
Durch diese Perl' erkannt.

Den Wert der Rose hat allein
Die Nachtigall erkannt;
Nicht jeder, der ein Blättchen liest,
Hat auch den Sinn erkannt.

Die beiden Welten bracht' ich dar
Dem vielerfahrnen Herz;
Es hat nur deiner Liebe Wert,
Den Rest für nichts erkannt.

Die Rose und den Wein verkehrt
Durchs Anschaun in Rubin,
Wer nur den wahren Wert des Hauchs
Der Seligkeit erkannt.

Vorbei ist nun die falsche Scham
Vom Angesicht des Volks,
Seitdem mich im Verborgenen
Der Wächter hat erkannt.

Du, der vom Buche der Vernunft
Die Liebe lernen willst,
Ich fürchte, du hast diesen Punkt
Nicht wie du sollst erkannt.

Bring' Wein! denn mit der Rose prahlt
Kein Mensch auf dieser Welt,
Der die Verwüstungen des Winds
Im Herbste hat erkannt.

Der Schöne meinte: daß für jetzt
Nicht Zeit zur Ruhe sei;

Deshalb hat er dem armen Geist
Verläng'rung zuerkannt.

Hafis hat diese Perlenschnur
So die Natur ihm gab,
Für unleugbare Wirkungen
Der Held Assafs erkannt.

*

Die Nachtigall hat in dem Mund
Ein Rosenblatt gehalten,
Und über dieses Blatt Genuß
Der Reden viel gehalten.

Ich sprach zu ihr: Was soll dies Lied,
Dies Klagen vom Genüsse?
Sie sprach: es hat mein Liebchen mich
Mit Hoffnung hingehalten.

Wenn die Geliebte mich verschmäht,
So darf es mich nicht wundern;
Des Bettlers Umgang hat der Schah
Zur Unehr sich gehalten.

Der Freundin Schönheit bleibet stets
Den Bitten unzugänglich,
O glücklich, wer von Schönen hat
Ein beßres Los erhalten.

Steh auf! daß wir die Seele vor
Des Meisters Pinsel opfern,
Der die Gemälde dieser Welt
So meisterlich gehalten.

Wenn du den Pfad der Liebe gehst,
Denk nicht auf bösen Namen,
Sein Kleid hat Scheich Sanaan
Zum Weinglas hingehalten.

Wie däuchte ihm die Zeit so süß,
Dem Süßesten der Kalendere,
Als er statt Kutt' und Rosenkranz
Den Gürtel mußte halten!

Ein Eden, unter dessen Flur
Die Ströme sich ergießen.
Es hat Hafis bisher dein Dach
Fürs Paradies gehalten.

*

Der Liebe Weg ist unbegrenzt,
Die Seele wird dort aufgeopfert,
Sonst ist kein Mittel.

Erschreck' mich nicht mit der Vernunft,
Bring' Wein; denn nichts hat sie als Wächterin
Uns hier zu schaffen.

Wenn du dein Herz der Liebe gibst,
Ists gute Zeit und gute Dinge,
Brauchen nicht Rat erst.

Dein Auge frag' wer mich erschlug,
Mein süßes Kind! dies kömmt nicht meinem
Schicksal zu Schulden.

Wie für den Neumond brauchts für Sie
Ein scharfes Auge, denn nicht jeder
Schauet den Mondkreis.

Benütz' die Trunkenheit mit Klugheit,
Der Weg dazu ist, wie ein Schatz, nicht
Jeglichem offen.

Hafisens Träne rührt dich nicht,
Bestaunenswürdig ist dein Herz, es
Weicht nicht dem Marmor.

*

Dir mein Herz zu eröffnen verlangt mich,
Und von deinem zu hören verlangt mich.

Zu verstecken das Mädchen der Liebe,
Nebenbuhlern und Neidern verlangt mich.

Eine heilige Nacht, wie die Nacht Kadr,
Ganz mit dir zu verkosen, verlangt mich.

Wehe! ähnliche liebliche Perlen
In der Nacht zu durchbohren, verlangt mich.

Diesen Abend nur eile zu Hülfe,
Morgen wieder zu blühen, verlangt mich.

Wie Hafis zum Verdrusse der Gegner,
Trunken Lieder zu singen, verlangt mich.

*

Immer bin ich betrunken
Vom Hauche deiner krausen Locken,
Immer bin ich verstöret
Vom Blicke deines Zauberauges.

Nach so vieler bestandner
Geduld, o Herr! kann ich nicht einstens
Auf der Brauen Altare
Verbrennen meines Auges Kerze!

Sorgsam halt' ich in Ehren
Den schwarzen Apfel meines Auges,
Weil er gleichsam ein Abdruck
Vom schwarzen Mal ist, für die Seele.

Wenn du wünschest, auf einmal
Das ew'ge Leben uns zu zeigen,

O so sage dem Ostwind:
Daß er den Wangenschleier lüfte.

Wenn du wünschest, auf einmal
Die Welt entkörpert ganz zu schauen,
Lös' die Locken, es hangen
An jedem Härchen tausend Seelen.

Beide, ich und der Ostwind,
Sind ein Paar verwirrter Toren;
Ich vom Zauber des Auges,
Und er von dem Geruch des Haares.

Hoher Geist ward Hafisen!
Von dieser Welt, und von der andern
Springet nichts ihm ins Aug', als
Der Staub der Schwelle deiner Türe.

*

Aller Ertrag der Werkstatt des Seins ist Nichts.
Bringe mir Wein, die Güter der Welt sind Nichts.

Seele, wie Leib, begehren Genuß und Lust,
Täten sie's nicht, so wären sie beide Nichts.

Glück ist nur das, was blutigen Schweiß nicht braucht,
Denn mit Bemüh'n sind himmlische Fluren Nichts.

Forsche nicht nach dem Tuba des Schattens, halb
Schauest du recht, o Zeder! er sinkt in Nichts.

Wenn du verweilst fünf Tage, nur auf der Post,
Ruhe dich aus, denn dieser Termin ist Nichts.

Schenke ich harr' am Rand des Verderbens, komm'
Nütze die Zeit, von Lippen zum Mund ist Nichts.

Denk' nicht an Schimpf und sei wie die Rose, froh,
Kräfte der Welt, sie gehen vorbei, sind Nichts.

Klausner! o furcht' den heiligen Eifergeist,
Zwischen dem Weg der Schenk' und der Zell' ist
Nichts.

Daß ich verbrannt mit Klagen und Wehgeschrei
Allen die Not bekenne, ist freilich Nichts.

Löblichen Ruf zwar hat sich Hafis verdient,
Aber es nützet ihn bei Betrunk'nen Nichts.

*

Außer deiner Schwelle hab' ich
Keinen Zufluchtsort,
Außer deiner Türe leg' ich
Nirgends hin mein Haupt.

Wenn der Feind den Säbel ziehet,
Werf ich weg den Schild,
Keinen andern Säbel kenn' ich
Als das Wehgeschrei.

Warum soll ich von der Schenke
Wenden mein Gesicht?
Auf der ganzen Erde gibt es
Keinen bessern Weg.

Wirft in meinen Lebensspeicher
Einen Brand das Los,
Sage zu der Flamme, brenne,
Ich verliere nichts.

Ich bin ein getreuer Sklave
Des Narzissenaugs,
Das im Rausch des Übermutes
Keinen angeschaut.

Überall seh' ich die Straße
Von Gefahr umstrick't,
Außer deinen Locken weiß ich
Keinen Zufluchtsort.

Herr der Schönheit! reite langsam
Mit gehalt'nem Zaum',
Denn es ist am Wege keiner,
Der nicht Klagen hat.

Tue keinem was zu Leide,
Tu' sonst, was du willst,
Außer dieser gibt es keine
Sünde im Gesetz.

Unrecht liegt mit offnen Flügeln
Auf der ganzen Stadt,
Wo ist dann des Wuchses Bogen
Wo der Pfeil des Augs?

Gib den Herzensschatz Hafisens
Nicht dem Haar und Mal;
Denn nicht alle Schwarze wissen
Sorglich umzugehen.

*

Lang' ist's, daß der Sehnsucht Flamme
Tief in meinem Innern ist,
Daß vom brennenden Verlangen
Brust und Herz zerstöret ist.

Lebenswasser ist ein Ausfluß
Von dem Zuckermund des Freundes,
Während daß die Sonn' ein Abglanz
Seines Mondgesichtes ist.

Und von meinem Geiste blies ich
Adam einen Odem ein;

Dieser Vers erklärt mir, wie
Ich und er nur eines ist.

Die Geheimnisse der Liebe
Siehet nicht ein jeder ein,
Wisset, daß zu solchen meine
Seele eingeweihet ist.

Du erklärest uns den Glauben,
Prediger, schweig' einmal still,
Weil des Freundes Wort in beiden
Welten unser Glaube ist.

Weißt du wohl, warum der Apfel
Meines Auges blutig ist?
Weil die Liebe seiner Wangen
In dem blut'gen Herzen ist.

Bis am Tage des Gerichtes
Danke du Hafts dafür,
Daß vom Anfang her dein Abgott
Dir zum Freund gegeben ist.

*

Traurig ist mein Herz über die Welt und was darin ist,
Denn in meinem Sinn wohnet mein Freund, und sonsten keiner,

Wenn vom Rosenbeet' deines Genusses Duft mir wehet,
Kann mein Herz sich nicht halten vor Lust, wie Rosenknospen,

Wenn ich armer Tor raten dir sollt', im Weg der Liebe,
Hieße dieses ja leeres Geschwätz mit Toren halten.

Frommen sage du, sitzet allein, und schmäl't mitnichten,
Weil ich zum Altar habe gewählt des Freundes Brauen.

Götzentempel und Kaaba ganz von gleichem Werte,
Gegen welchen Ort gewendet du bist, Er ist zugegen.

Bart und Haar und Brau'n machen noch nicht den Kalender aus,
Denn des Kalenders Rechnung sei treu bei einem Haare.

Leichtes Ding ist's, sich über ein Haar hinauszusetzen,
Doch Kalendere sind die, wie Hafis, den Kopf aussetzen.

*

Du fassest, Freundin, nicht das Wort,
Hier liegt der Fehler.
Hörst du's von einem Mann von Herz,
Sag' nicht dies ist ein Fehler.

Es biegt mein Kopf sich diesem nicht,
Nicht and'rem Leben,
Gesegnet sei der Herr für Zwist,
Der mir im Kopfe lieget.

Ich weiß nicht wer das kranke Herz
Wohl mag bewohnen,
Still bin ich doch, darinnen ist,
Beständig Zank und Lärmen.

Dem Schleier ist mein Herz entflohn,
Wo bist du, Sänger?
O sing', es bringt noch dieser Ton,
Vielleicht mein Herz zurechte.

Von jeher hatt' ich nichts zu tun,
Mit Weltgeschäften,
Dein Angesicht hat mir die Welt,
Geschmückt für meine Augen.

Wie oft hab' ich ob deinem Bild,
Kein Aug' geschlossen,
Durch hundert Nächte trink ich Wein,
Wo aber ist die Schenke?

Es ist die Zelle zwar befleckt,
Vom Blut des Herzens,
Wenn du mit Wein sie waschen willst,
Hast du das Recht in Händen.

Es brennt in meinem Herzen Glut,
Die nie verlöschet,
Deswegen werd' ich hochgeschätzt,
Im Kloster unsers Wirtes.

Wie trillerte uns gestern wohl,
In Schlaf der Sänger?
Daß mir der Lebenshauch entfloh,
Daß heut das Hirn noch voll ist.

Man gab dem Herzen gestern Ruf,
Von deiner Liebe,
Aus Sehnsucht ist deshalb die Brust
Gefüllt mit Sang und Klange.

Seitdem, als zu Hafisen kam
Der Ton des Liebchens,
Ward aus Begier des Herzens Berg,
Erfüllt vom Widerhalle.

*

Ich schwöre bei des Wirtes Seele,
Beim Gnadenrechte,
Es wohnt kein Wunsch in meinem Kopfe,
Als ihm zu dienen.

Ich weiß, es sind die Gärten Edens
Kein Ort für Sünder,

Doch bring' nur immer Wein, ich warte
Auf die Erbarmung.

Die Lampe dieses Wolkenblitzes
Sei stets erhellet,
Sein Wetterstrahl hat eingeschlagen
In meine Scheune.

Bring' Wein, denn mich belehrte gestern
Des Himmels Bote:
Der Reigen von der Milde Gottes
Sei allumfassend.

Siehst du vielleicht ein Haupt im Staube
An Schenkenschwellen,
So tritt es nicht, denn seine Absicht
Ist wohl erkennet.

Sieh mich nicht an mit einem Auge
Voll von Verachtung,
Von der Enthaltsamkeit, vom Trinken
Bin ich nicht Meister.

Es zeiget zwar noch keine Neigung
Mein Herz zur Reue,
Doch will ich in des Herren Namen
Mich drum bemühen.

Mein Freund, du gib nicht auf die Hoffnung
Auf Freundes Gnaden,
Denn es verbreiten seine Gnaden
Sich über alle.

Beständig ist das Kleid Hafisens
Um Wein versetzet,
Vielleicht ist er wohl ganz geformet
Aus Schenkenstaube.

*

Auswahl von Vierzeilern

Gib mir vom alten Wein, der lange den Pächter genährt hat,
Reiche davon mir auf! um zu verkürzen die Zeit.
Mach' mich betrunken und ohne Bewußtsein von allem, was vorgeht,
Daß ich entdecke dir jedes Geheimnis der Welt.

*

Einer Welt Glück ist für die Lasten des Kummers zu teuer,
Alles Daseins Lust wiegt die Schmerzen nicht auf.
Sieben tausend Jahr' von taumelnder Freude und Wonne
Sind für sieben Tag' Kummer zu teuer erkauft.

*

Aus Verlangen nach Kuß und Umarmung bin ich gestorben,
Bin gestorben aus Lust deines geschliffnen Rubins,
Doch zu was plaudere ich viel, ich will es ganz kurz dir erklären,
Komm' zurück, denn es ist längstens gestorben, der harrt.

*

Ziehe die Lippen doch nicht zurück von den Lippen des Glases,
Daß den Wunsch du erreichst, haltend am Munde das Glas.
Da in dem Glase der Welt das Süße mit Bitt'rem gemischt ist,

Nimm das eine vom Freund, nehme das andre vom Glas.

*

Gott, der die Lose des Paradieses der Hölle verteilet,
Gibt nicht zu, daß wir straucheln und fallen zuletzt,
Sage, wie lange geht noch der Feind als reißender Wolf um,
Löwe Gottes schlag' nieder zum Boden den Feind.

*

Was sind die Lippen? Sie sprach: sie sind die Quellen des Lebens
Was ist der Mund? Sie sprach: Körnlein, das schönste, ist er.
Was sind die Worte? Sie sprach: es sind die Worte Hafisens.
Lebe lang! du hast alles mir lieblich gesagt.

*

Ach! es führet schon fort die Ruinen des Lebens der Zeitstrom,
Und des Lebens Aar hebet den Fittich empor.
Sei vernünftig, Hafis, denn siehe der Träger der Jahre
Traget des Lebens Gepäck' langsam zum Hause hinaus.

*

Hoffe du nur das Beste vom mannigfaltigen Schicksal,
Zittre nicht vor der Welt, Blättern der Weide verwandt.
Sieh! gar vieles ist schwarz auf dieser traurigen Erde,
Ach! mein schwarzes Haar, sage, warum ward es weiß?

*

An dem Ufer des Stroms mit Wein geziemts sich's zu bleiben,
Und von allem Gram ledig zu waschen die Brust.
Zehen Tage sind uns wie Rosen zum Leben bestimmet,
Laßt uns muntern Gesichts, lachender Lippen stets sein.

*

Anfangs hob ich empor den Kopf mit der Lust des Genusses,
Doch nun heb' ich empor bittere Kelche des Grams,
Fluten entströmen dem Aug', und Flammen verzehren das Herz mir,
Als des Weges Staub warf sie mich weg in den Wind.

*

Sieh', im Schatten der Hyazinthe gedeih'n die Jasminen,
Und im Lippenrubin wachsen die Perlen heran.
Wie die Lippen, so nähre du dir die Seele beständig
Von dem geistigen Wein, welcher die Körper ernährt.

*

Komme zurück, denn es schmachtet mein Auge nach deinem Genüsse,
Komme zurück, denn mein Herz jammert vor Schmerzen sich ab,
Komme zurück, mein Freund, denn ohne dein teures Antlitz,
Tragen die Fluten des Aug's mich in dem Wirbel davon.

*

Es wirkte deine Flucht auf mich Derwischen
Wie Salz, gestreut auf frische Herzenswunden;

Ich fürchtete, von dir entfernt zu werden,
In dieser Furcht erschien die Unglücks stunde.

*

Der Pfad zu dir ist dornenvoll,
Wo finden sich darauf die Stapfen?
Nur jener wird berühmt durch Liebe,
Des Seelen Antlitz Feuer hauchet.

*

Schande ist's sich zu erhöhen selber,
Sich für aus erwählt zu halten selber.
Andre kennt man durch den Augenapfel,
Alle kann man sehen, sich nicht selber.

*

Ich opfre Seelen hin geschickten Leuten,
Leicht ist's, den Kopf zu ihrem Fuß zu legen.
Weißt du worin besteht die Pein der Hölle?
Der Umgang ist's mit ungeschickten Leuten.

*

Die ganze Welt in einen Mörser stoßen,
Mit Herzensblut die Himmel alle färben,
Und hundert Jahr' im tiefsten Kerker leben,
Ist leichter als ein Augenblick mit Dummen.

*

Solang die Welt noch Wunsch des wunden Herzens ist,
Solang im Körperreich kein Geisterkönig ist,
Solange bleibet mir vor Gottes Thron die Hoffnung,
Daß mir des Glückes Tor noch einst geöffnet ist.

*

Wenn ihr den Kreis, o Freunde, schließet Arm in Arm,
Vergeßt den tollen Kreis des großen Weltenrads,
Und kömmt die Zeit, wo ich nicht mehr hienieden bleibe,
So trinkt den Rest der Zeit zu meinem Angedenken.

*

Durch Schwäche und durch Kraft, durch Wohlsein und durch Elend,
Durch Größe und durch Stolz, durch Lieb' und Eigenliebe,
Hast du's so weit gebracht, daß in der Glut ich sitze,
Und daß ich nicht vermag, mich auf ein Pferd zu setzen.

*

O Herr, da du in Nöten Helfer bist?
Da du der Richter und der Sachwald bist,
Wie kann ich ein Geheimnis dir vertrau'n,
Da du auch das Geheimste wissend bist?

*

Meines Abgotts Namen, des Schönheit beschämet den Vollmond,
Geht aus folgendem Wort klar und deutlich hervor;
Er beginnt mit *Augenlicht* und mit dem Lichte des Herzens,
Aber *Herzensblut* ach! ist das Ende davon.

Über tredition

Eigenes Buch veröffentlichen

tredition wurde 2006 in Hamburg gegründet und hat seither mehrere tausend Buchtitel veröffentlicht. Autoren veröffentlichen in wenigen leichten Schritten gedruckte Bücher, e-Books und audioBooks. tredition hat das Ziel, die beste und fairste Veröffentlichungsmöglichkeit für Autoren zu bieten.

tredition wurde mit der Erkenntnis gegründet, dass nur etwa jedes 200. bei Verlagen eingereichte Manuskript veröffentlicht wird. Dabei hat jedes Buch seinen Markt, also seine Leser. tredition sorgt dafür, dass für jedes Buch die Leserschaft auch erreicht wird.

Im einzigartigen Literatur-Netzwerk von tredition bieten zahlreiche Literatur-Partner (das sind Lektoren, Übersetzer, Hörbuchsprecher und Illustratoren) ihre Dienstleistung an, um Manuskripte zu verbessern oder die Vielfalt zu erhöhen. Autoren vereinbaren direkt mit den Literatur-Partnern die Konditionen ihrer Zusammenarbeit und partizipieren gemeinsam am Erfolg des Buches.

Das gesamte Verlagsprogramm von tredition ist bei allen stationären Buchhandlungen und Online-Buchhändlern wie z. B. Amazon erhältlich. e-Books stehen bei den führenden Online-Portalen (z. B. iBookstore von Apple oder Kindle von Amazon) zum Verkauf.

Einfach leicht ein Buch veröffentlichen: **www.tredition.de**

Eigene Buchreihe oder eigenen Verlag gründen

Seit 2009 bietet tredition sein Verlagskonzept auch als sogenanntes "White-Label" an. Das bedeutet, dass andere Unternehmen, Institutionen und Personen risikofrei und unkompliziert selbst zum Herausgeber von Büchern und Buchreihen unter eigener Marke werden können. tredition übernimmt dabei das komplette Herstellungs- und Distributionsrisiko.

Zahlreiche Zeitschriften-, Zeitungs- und Buchverlage, Universitäten, Forschungseinrichtungen u.v.m. nutzen diese Dienstleistung von tredition, um unter eigener Marke ohne Risiko Bücher zu verlegen.

Alle Informationen im Internet: **www.tredition.de/fuer-verlage**

tredition wurde mit mehreren Innovationspreisen ausgezeichnet, u. a. mit dem Webfuture Award und dem Innovationspreis der Buch Digitale.

tredition ist Mitglied im Börsenverein des Deutschen Buchhandels.

Dieses Werk elektronisch lesen

Dieses Werk ist Teil der Gutenberg-DE Edition DVD. Diese enthält das komplette Archiv des Projekt Gutenberg-DE. Die DVD ist im Internet erhältlich auf **http://gutenbergshop.abc.de**